William H. Stein

¡GANADORES!

LAS ESTRATEGIAS DE LOS CAMPEONES

Doctor Erazo 120, Col. Doctores, C.P. 06720, México, D.F.
Tel. (01 55) 51 34 05 70 • Fax (01 55) 51 34 05 91
Lada sin costo: 01 800 821 72 80

Título: ¡GANADORES! LAS ESTRATEGIAS DE LOS CAMPEONES
Autor: William H. Stein
Colección: Superación personal

Diseño de portada: Socorro Ramírez Gutiérrez
Ilustración de portada: Istockphoto

D.R. © Selector, S.A. de C.V., 2012
Doctor Erazo 120, Col. Doctores,
Del. Cuauhtémoc,
C.P. 06720, México, D.F.

ISBN: 978-607-453-125-1

Primera edición: junio 2012

	Sistema de clasificación Melvil Dewey
131	
S59	
2012	
	Stein, H. William
	¡Ganadores! Las estrategias de los campeones / William H. Stein.– Ciudad de México, México: Selector, 2012
	152 pp.
	ISBN: 978-607-453-125-1
	1. Superación personal. 2. Psicología popular. 3. Bienestar, éxito, jóvenes.

Características tipográficas aseguradas conforme a la ley.
Prohibida la reproducción parcial o total de la obra
sin autorización de los editores.
Impreso y encuadernado en México.
Printed and bound in Mexico.

Índice

Introducción 7
I. Lo que distingue a los ganadores 13
II. El poder de la creencia .33
III. Usted vale más de lo que cree 53
IV. La planeación efectiva .75
V. El éxito y sus relaciones personales. 99
VI. El liderazgo de los ganadores 117
VII. Emprender la marcha .137
Bibliografía 147
Acerca del autor 149

Introducción

¿Quiénes son los ganadores? La respuesta a esta interrogante es muy simple: la gente exitosa, los hombres y las mujeres que han conquistado metas importantes en su vida y han llegado a donde el resto de las personas no consigue llegar. Sus profesiones y edades son muy variadas; también lo son su origen, formación y cultura.

Los ganadores están en todos lados; nacen en cualquier país y, a lo largo de los siglos, han desempeñado un papel importante en el desarrollo humano. Miguel Ángel fue un ganador. También lo fue Edison y Einstein. El título es aplicable, asimismo, a Michael Phelps, ganador de 14 medallas olímpicas de oro, y a la cantante Beyoncé, quien ha obtenido hasta el momento 16 premios Grammy (13 como solista y 3 con el grupo Destiny's Child).

Lo mismo podemos decir de Erin Gruwell, maestra de escuela de Long Beach, California, que hace unos años transformó a un grupo de adolescentes con problemas de conducta en estudiantes modelo (fue encarnada en el cine por Hilary Swank en la cinta *Freedom Writers*).

Sin embargo, es importante aclarar que no todos los ganadores son gente famosa. Hay muchos —la mayoría— cuyos logros no son noticia de primera plana. Sus triunfos suelen ser conocidos sólo por un grupo reducido de personas, pero no por ello son menos relevantes. Se trata de personas comunes y corrientes que, gracias a su decisión, esfuerzo y osadía, conquistaron objetivos personales que al principio les parecían inalcanzables. En comparación con las grandes personalidades de los negocios, la política, el arte o el espectáculo, poseen un "perfil bajo", pero sus éxitos son igualmente valiosos. En mis años de estudiante, conocí a un joven hispano que vendía hot dogs. Día tras día instalaba su carrito en la Quinta Avenida. Y allí seguiría hoy en día si no hubiera sido por su deseo de superación y su entusiasmo a toda prueba. Hace poco me enteré de que este hombre posee un pequeño pero próspero negocio de comida mexicana muy cerca de donde vendía hot dogs y, además, es presidente de una asociación de restauranteros hispanos de Nueva York. Para mí, su éxito es comparable al de cualquier otro potentado. Este libro no aborda específicamente la vida de los ganadores. No pretendí recopilar las biografías de gente exitosa, ni preparé un resumen de sus logros personales. Mi intención fue, en cierta medida, más ambiciosa. En primer lugar averigüé, a partir de sus acciones y decisiones, cuál es la lógica que siguen los ganadores. Dicho en pocas palabras, intenté mostrar cómo piensan y actúan los individuos exitosos, no solamente los que he tratado personalmente, sino también aquellos cuya vida he conocido mediante mis lecturas.

El resultado de esta investigación se resume en una serie de estrategias, reglas y habilidades que cualquier persona puede poner en práctica. No son fórmulas mágicas ni recetas infalibles, sino factores de cambio que, al desarrollarse, pueden modificar nuestro carácter y actitudes, ayudándonos a conquistar cualquier meta que nos hayamos propuesto. Son recursos capaces de apoyar, de manera efectiva, el crecimiento profesional de las personas. También contribuyen a mejorar las relaciones humanas y enseñan la forma de actuar bajo presión. La mayoría de ellas tiene un fundamento psicológico y ha sido probada con éxito por muchos líderes. Tal vez usted mismo las emplea de manera cotidiana sin darse cuenta. En mi caso personal, me han ayudado a crecer como empresario y como ser humano. Esto último significa que su efectividad ha sido probada, por así decirlo, "en carne propia".

La idea básica de este libro es que al pensar y actuar como ganador, es decir, al recrear en nuestro propio cerebro los hábitos mentales de los individuos exitosos y actuar con base a ellos, creamos las condiciones para convertirnos también en ganadores. Lo anterior en virtud de que, en mi opinión, los auténticos triunfadores no forman una raza aparte, no son seres sobrehumanos ni vinieron de otro planeta. Sus méritos radican, básicamente, en el trabajo diario, en el deseo de superación, en su capacidad para enfocarse y en una inquebrantable fe en las propias habilidades. Todas estas son cualidades que usted y yo podemos desarrollar también. Es decir, todos podemos ser triunfadores en nuestro propio campo.

Una aclaración importante: es posible que todo esto le suene demasiado fácil. En realidad no lo es. Sobre todo porque, para comenzar a pensar como los ganadores, necesitamos desechar infinidad de prejuicios y malos hábitos, los cuales obstaculizan nuestro crecimiento interior y nos obligan a permanecer dentro del círculo vicioso de la mediocridad. En los primeros capítulos de esta obra me ocuparé precisamente de este problema, poniendo especial énfasis en la importancia de creer en nosotros mismos, y en el valor que tiene recuperar la confianza que hemos perdido a causa de los fracasos previos y de una educación orientada hacia el conformismo.

No pretendo decir con esto que las ideas y certidumbres heredadas de sus padres y maestros sean malas o estén equivocadas. Seguramente usted posee muchos y muy buenos hábitos, así como habilidades que lo hacen especial. Tal vez sea un individuo persistente, disciplinado, confiable, con gran poder de persuasión y muy entusiasta. Sin embargo, también puede ser que no esté muy contento consigo mismo ni con lo que ha logrado. Ello puede deberse a dos cosas: 1) todavía no aprende a sacar todo el provecho posible de sus dones y habilidades, y 2) carga con una serie de barreras psicológicas que le ha impedido realizar sus sueños. A estos obstáculos algunos individuos suelen agregarle un tercero: "oportunidad". En efecto, infinidad de personas dicen que no han tenido éxito porque todavía no se presenta la gran oportunidad. En mi opinión, esta tercera imposibilidad no es en realidad un problema, pues estoy convencido de que, cuando enfrentamos los dos primeros escollos, el tercero se resuelve de manera casi automática. Es decir, cuando aprendemos a aprovechar al máximo nuestros dones y logramos vencer nuestras barreras mentales, las oportunidades literalmente nos caen del cielo. Lo cierto es que siempre estuvieron allí, pero no éramos capaces de verlas.

El presente libro es una guía para sortear con éxito los dos problemas arriba descritos. Quiero insistir en que se trata tan sólo de una guía, un mapa de ruta a seguir. Su eficacia depende, en todo caso, de su propio interés y de su voluntad de cambio. Como se explica en estas páginas, ningún agente externo (libros, videos motivacionales, consejos, ejemplos prácticos) tendrán utilidad si usted no muestra una actitud receptiva y una auténtica disposición al cambio. "Para cambiar tu vida por fuera —afirma Louise Hay— debes cambiar tú por dentro. En el momento en que te dispones a cambiar, es asombroso cómo el universo comienza ayudarte, y te trae lo que necesitas."

Esto no significa, por supuesto, que al universo le importe nuestro éxito y nos "ayude" a triunfar. La frase de Hay se refiere a que una transformación interior crea las condiciones que nos permiten interactuar de una forma más positiva y provechosa con la realidad.

I
Lo que distingue a los ganadores

A veces olvidamos que los individuos exitosos no son distintos de nosotros. También ellos cometen errores, tienen defectos, se fatigan, sufren depresiones, padecen enfermedades, enfrentan dificultades domésticas y profesionales, dudan, recelan, cometen injusticias y se desesperan. Para comprobar este hecho basta revisar la biografía de los hombres y mujeres célebres de todos los tiempos. Allí podremos advertir que quienes han obtenido logros sobresalientes en el deporte, la ciencia, los negocios, la religión, el arte y la política no fueron, en lo fundamental, muy diferentes de otros sujetos ni gozaron de privilegios especiales. De hecho, algunos enfrentaron desventajas y limitaciones que hicieron más difícil el logro de sus respectivas metas.

¿Por qué entonces ellos consiguieron sobresalir y los demás no? ¿Por qué su vida se nos presenta como una serie de triunfos encadenados mientras que la de otros —la mayoría— transcurre en la más completa medianía?

Para responder a estas preguntas es común recurrir a razones tales como la suerte, el destino, las circunstancias o el genio. El problema es que ninguno de estos factores resuelve la cuestión de manera satisfactoria.

Piense durante un momento en este asunto. Sin duda, la suerte existe. Usted puede despertarse una mañana y averiguar que el boleto de lotería que compró días antes salió premiado o que un pariente desconocido lo ha nombrado heredero universal. También podría suceder, ¿por qué no?, que mientras planta un árbol en su jardín se encuentre con un tesoro. Sin embargo, ¿cree usted que los descubrimientos de los esposos Curie, las creaciones artísticas de Picasso o los logros tecnológicos de Steve Jobs habrían sido posibles si ellos se hubieran confiado de la buena fortuna? Todos podemos tener un golpe de suerte. Sin embargo, esto no es algo controlable a voluntad y, por lo mismo, resulta absurdo basar nuestro proyecto de éxito de este factor. El azar es impredecible y ninguna persona que desee triunfar en la vida puede depender de él.

I. Lo que distingue a los ganadores

Muchos sujetos que, de alguna manera, se creen afortunados, consideran a la suerte como una consecuencia, como el resultado de un esfuerzo y no como algo que explique sus triunfos. Tal era la creencia de Henry Ford, quien afirmaba: "Qué extraño, entre más trabajo, más suerte tengo".

Esto no significa que la suerte carezca de importancia. Ciertos descubrimientos en el terreno de la ciencia, algunos hallazgos en el campo del arte y no pocos éxitos en los negocios son productos de un golpe de suerte. Lo que pongo en cuestión aquí es que el éxito duradero pueda fundarse en algo tan incierto como la buena fortuna.

Respecto al destino, la cuestión resulta todavía más problemática. Supongamos que existen personas a quienes una fuerza superior o un misterioso designio les permite lograr, de manera inevitable y sin posibilidad de error, cualquier meta que se propongan. Si esto fuera así, tales personas no necesitarían esforzarse para alcanzar sus sueños. Todas las cosas buenas les caerían del cielo. Lo cierto es que ninguno de los individuos a quienes, supuestamente, los guía una "buena estrella" ha obtenido las cosas con facilidad. Pensemos en Steven Spielberg, conocido dentro de la industria fílmica como el Rey Midas de Hollywood, en virtud de su extraordinaria y casi milagrosa capacidad para obtener ganancias espectaculares con todas y cada una de sus películas. En apariencia, este cineasta está tocado por un hada maravillosa que le permite triunfar sin esfuerzo. No obstante, poca gente sabe que el creador de *Indiana Jones* y *La lista de Schindler* pasó varios años filmando programas de televisión y recibiendo reprimendas de sus superiores cuando su desempeño no estaba a la altura de lo esperado. Sus éxitos no han sido, pues, producto del destino, sino de la práctica constante y del desarrollo de su talento artístico.

En cuanto al asunto de las circunstancias favorables, todos conocemos casos de sujetos nacidos en medio de la pobreza o con graves impedimentos físicos y que, sin embargo, conquistaron la excelencia en sus respectivos campos. Allí está el caso del filósofo francés Albert Camus, premio Nobel de Literatura 1957, quien se crió en un barrio miserable de Argel y padeció tuberculosis toda su vida. O el de Josephine Baker, la más célebre bailarina negra de todos los tiempos, hija de esclavos que, al inicio de su carrera, apenas ganaba lo suficiente para procurarse una comida al día. Otro caso es el de Piotr Smirnov, hijo de una familia de campesinos pobres y dueño de una cultura limitada (leía y escribía con mucha dificultad). Este hombre se convirtió, durante la segunda mitad del siglo XIX en uno de los hombres más ricos de Rusia

I. Lo que distingue a los ganadores

gracias al imperio comercial que forjó a partir de la venta de vodka; un imperio cuyo valor alcanzó en su época de mayor esplendor los 250 millones de dólares actuales y que edificó a base de audacia y determinación.

Sin embargo, el ejemplo más dramático de que las circunstancias que nos rodean no son determinantes para alcanzar el éxito lo encontramos en Helen Keller. El hecho de que una mujer sorda, muda y ciega desde la infancia haya podido salir adelante en la vida es suficiente para echar por tierra cualquier pretexto.

Es verdad que una buena educación, un ambiente familiar adecuado o un entorno estimulante pueden favorecer el desarrollo de la persona. No obstante, podríamos encontrar muchísimos ejemplos en los cuales un conjunto de circunstancias favorables no han dado lugar a individuos excepcionales.

Queda todavía en pie la cuestión del ingenio. En efecto, existen algunas personas con una capacidad innata para determinada actividad y que, en razón de ella, pueden alcanzar el éxito económico y el reconocimiento social. Mozart fue, sin duda, uno de los hombres más geniales del mundo, y durante su corta existencia fue celebrado por ello. Sin embargo, el escritor estadounidense Edgar Allan Poe y el pintor holandés Vincent Van Gogh, por mencionar sólo dos casos, también poseyeron ingenio; a pesar de ello, llevaron una existencia miserable y llena de frustraciones. El primero murió presa del alcoholismo y el segundo terminó sus días en la miseria y atrapado en la locura.

También existen individuos que nada tuvieron de geniales, pero lograron sobresalir en sus respectivos ámbitos profesionales. Tal es el caso de Thomas J. Watson Jr., quien fue presidente de IBM, una de las compañías más rentables del mundo. Este hombre nunca se consideró a sí mismo una persona demasiado inteligente. Sus éxitos fueron resultado de muchos intentos fallidos y de años de arduo trabajo. "Mi único mérito ha sido la perseverancia", confesó en su autobiografía.

Pero, regresemos a la pregunta inicial. ¿Por qué algunos triunfan y otros no? O dicho en otros términos: ¿Qué distingue a los verdaderos ganadores de aquellos que se conforman con llevar una vida gris? Ya dijimos que no es una cuestión de suerte, ni es el destino, ni las circunstancias favorables, ni el genio. Entonces, ¿qué es?

La respuesta le sonará bastante simple: *Las personas exitosas son aquellas que creen en el éxito*. Dicho con otras palabras, son aquellas que se han convencido no sólo de que pueden alcanzar sus objetivos, sin importar qué tan ambiciosos parezcan, sino quienes, además, se consideran merecedores de llegar a la cima. Los triunfadores son aquellos que están seguros del triunfo y actúan en consecuencia.

> *La creencia es el factor esencial que permite identificar a un triunfador. Es uno de los indicios más seguros para saber quién llegará a la cima, quién conseguirá vencer los obstáculos y hará realidad sus sueños.*

Los hombres y las mujeres de éxito que he conocido a lo largo de mi vida —muchos de los cuales se convirtieron en fuente de inspiración para mí— poseían dicha convicción.

El poder de las creencias

Imagino que después de leer las afirmaciones anteriores, algunos lectores habrán empezado a recelar. Es posible que alguien haya comenzado incluso a rebatir mentalmente mi argumento. "Señor William —podría decirme este hipotético lector— si como usted dice la mera creencia fuera suficiente para triunfar, el mundo estaría lleno de personas exitosas. Los individuos emprendedores serían legión y libros como el de usted resultarían innecesarios."

Para responder a esta objeción, comenzaré diciendo que, en efecto, basta echar un vistazo a nuestro alrededor para comprobar que el número de personas que han soñado con el éxito y que nunca lo han alcanzado es mucho mayor que el de aquellos cuya vida es un conjunto de logros sobresalientes. La mayoría de la gente le dirá que desea llevar una vida más plena, más satisfactoria, más feliz. Sin embargo, la triste realidad es que el hecho de creer que tendrán éxito no parece ser suficiente.

Pero, si esto es así, ¿en qué me baso para asegurarle a usted que la creencia en el éxito lleva a la gente a ser exitosa? ¿Por qué afirmo que los triunfadores son aquellos que están convencidos de sus posibilidades de éxito?

En primer lugar aclaremos que, si bien todos los individuos expresan verbalmente su deseo de éxito y en su fuero interno anhelan convertir sus sueños en realidad, lo cierto es que muy pocos *creen verdaderamente* en esta posibilidad. Es decir, a todas las personas les agradaría tener un trabajo mejor remunerado, un negocio próspero, una posición económica desahogada y una vida familiar armónica; pero en el fondo, se trata sólo de una fantasía, de algo que sería deseable tener.

Seamos sinceros: la mayoría de la gente tiene sueños, pero *no cree* que pueda realizarlos. Y aquí radica precisamente la

I. Lo que distingue a los ganadores

principal diferencia entre los ganadores y quienes no lo son. Los ganadores no son los que quieren llegar a la meta en primer lugar, sino los que están convencidos de que así será.

> *Cuando tenemos la convicción plena de que lograremos triunfar, cuando estamos ciertos de que, tarde o temprano, nuestros sueños se van a hacer realidad, no fracasaremos. Es necesario, sin embargo, tener una convicción plena de que la meta elegida por nosotros es realmente algo que deseamos con todas nuestras fuerzas y no simplemente algo que nos gustaría tener.*

En cierta ocasión, durante la sesión de preguntas y respuestas posterior a una de mis conferencias, un miembro del público levantó la mano para plantear sus dudas precisamente sobre esta cuestión.

—Vamos a suponer —me dijo en tono retador— que yo quiero realizar un vuelo alrededor de la Tierra en el transbordador espacial. Usted afirma que la creencia es suficiente para lograr mis anhelos. Sin embargo, dudo mucho que mañana me llamen de la NASA para formar parte de la tripulación de una de estas naves, no importa cuán fuerte sea mi creencia y cuánto insista.

—Seamos sinceros —le respondí—. ¿En verdad quiere usted realizar un vuelo alrededor de la Tierra en un transbordador espacial? Seguramente le gustaría hacerlo (¿a quién no?). Pero si este deseo fuera auténtico, es decir, si usted creyera con todas sus fuerzas en ello, hace tiempo que estaría vinculado de alguna manera con el programa espacial estadounidense. Ya hubiera tomado cursos de ingeniería, sabría cómo se pilotea uno de estos aparatos o, por lo menos, estaría dispuesto a aprender al respecto.

—Eso es absurdo. Yo soy vendedor —replicó él—. No tengo tiempo para ocuparme de esas cosas. Además, esos astronautas seguramente se preparan durante mucho tiempo. Yo tengo 52 años. Para cuando terminara el entrenamiento, y en el remoto caso de que sobreviviera a él, sería demasiado viejo para ir al espacio.

—¿Se da cuenta de que con esas afirmaciones no ha hecho sino darme la razón? —le pregunté sonriendo.

—¿A qué se refiere?

—Piénselo un poco —le dije—. A usted solamente le *gustaría* viajar en transbordador espacial. Para usted es sólo una fantasía. Ni siquiera está dispuesto a *pagar el precio* que exige realizar ese sueño. Además, acaba usted de ofrecer varias razones por la cuales en realidad *no quiere* hacerlo.

Esta anécdota nos muestra la diferencia que existe entre *creer* en algo y solamente *desearlo*. Los grandes líderes de nuestro tiempo, los hombres y las mujeres de negocios, y la gente de verdad exitosa son, antes que todo, creyentes profundos. Creen en sí mismos y en el valor de sus acciones. Muchos de ellos han llegado a dudar y en alguna ocasión pasaron por periodos difíciles; no obstante, ellos saben que a la larga se saldrán con la suya. Quizá necesiten más tiempo y esfuerzo del que habían previsto, pero seguramente lo lograrán. Están seguros de que tarde o temprano el trabajo, la perseverancia y la paciencia darán sus frutos. Incluso hay casos en los cuales esos frutos van más allá de lo esperado. Pensemos en el líder negro Nelson Mandela, quien permaneció en prisión durante 27 años sin renunciar a sus ideales. Su convicción era tan firme que no sólo sobrevivió a la prisión y encabezó un gran movimiento social, sino que se convirtió en presidente de Sudáfrica.

Con lo dicho hasta aquí pareciera que le estoy atribuyendo a la creencia un poder mágico o milagroso. En realidad, es un asunto que nada tiene de sobrenatural, es un fenómeno perfectamente explicable cuyo fundamento se encuentra en la psicología.

La gente que está convencida de la importancia de sus metas y confía en su capacidad para alcanzarlas, aleja inconscientemente de su cerebro las dudas y el temor que pudieran obstaculizar su camino. Es decir, *predispone* su mente de manera positiva para obligarla a enfocarse en una meta específica. Surge entonces una energía y un entusiasmo capaces de ayudarlo a llegar hasta donde desea. Ello no significa, por supuesto, que su camino vaya a estar libre de obstáculos. Lo que sucede es que dichos obstáculos no representarán un impedimento insalvable para seguir adelante, pues la fuerza surgida de la creencia es capaz de ayudarlo a superar cualquier escollo.

En contraste, las personas que no creen verdaderamente en sí mismas ni están convencidas del valor de sus metas, suelen alimentar su cerebro con información negativa. Piensan de inmediato en los obstáculos, los inconvenientes, las dificultades. Todo ello hace que se sientan abrumados por el esfuerzo y los sacrificios que impone el logro de sus sueños. Más aún, al carecer de la fe suficiente en sí mismos, su perspectiva de las cosas será más estrecha. Esto es: hasta la capacidad de su cerebro para enfocar sus posibilidades de crecimiento se ve afectada por la incredulidad, la falta de confianza y del temor. Así, quien no cree en sí mismo vive en un mundo limitado y pobre. En cambio, el que cree está en condiciones de ver más allá del presente, es capaz de visualizar un horizonte inmenso de posibles logros.

Piense como ganador

Ahora bien, si esto es así (y le pido que, por el momento, me conceda el beneficio de la duda), resulta que el primer paso para alcanzar el éxito consiste en *pensar como los ganadores*.

Ya vimos que un ganador se caracteriza por creer en dos cosas: en sí mismo y en el éxito. Cuando Walt Disney planeó su célebre parque de diversiones, no *deseaba* que su idea funcionara. Él *sabía* que el proyecto funcionaría. Es obvio que él no podía predecir el futuro, ni tenía el don de la infalibilidad. Carecía de una bola de cristal capaz de mostrarle la enorme popularidad que, años después, alcanzaría su proyecto. Sin embargo, estaba seguro de que iba a funcionar porque él así lo había dispuesto. No era omnipotente ni infalible. Sencillamente era alguien que no pensaba en el fracaso. Y si por casualidad Disney World no hubiera tenido el éxito que hoy tiene, ello no hubiera sido considerado un fracaso, sino sólo un pequeño tropiezo en el camino hacia el éxito. Disney era de esos individuos que intentaba las cosas, una y otra vez, hasta que funcionaban.

> *Es indispensable estar convencido de que uno es capaz de lograr aquello que se ha propuesto, de que uno podrá hacerlo a pesar de los obstáculos, las dificultades y los inevitables tropiezos.*

En ocasiones, como es natural, la conquista de una determinada cumbre implica más trabajo del que habíamos supuesto; descubrimos que las cosas no son tan sencillas ni tan rápidas como desearíamos. Ello no importa cuando estamos convencidos de nuestra capacidad y realmente deseamos tener éxito. Y digo que no importa porque quien cree en el éxito sabe que llegará a la meta. Quizá le tome más tiempo o el recorrido será un poco distinto. Lo importante es creer. Desde esta perspectiva, ni los esfuerzos extra, ni los contratiempos, ni los pequeños fracasos lo desalentarán.

Mi buen amigo Joseph Franklin, quien durante su juventud fue cajero en un banco, siempre deseó tener un negocio propio. Aunque en aquel entonces su sueldo era igual al de cualquier otro empleado bancario, su autoconfianza era admirable. Un día rentó un pequeño local en el centro de Seattle. Luego alquiló maquinaria y contrato a una docena de costureras para confeccionar, a partir de sus propios di-

I. Lo que distingue a los ganadores

seños, ropa deportiva. Era su primera aventura empresarial y resultó un fracaso. Al poco tiempo se declaró en bancarrota. Sencillamente no supo cómo enfrentar a la competencia ni fue capaz de administrar el negocio de manera adecuada. ¿Creen ustedes que Joseph se dio por vencido? De ninguna manera. Después de pagar sus deudas y ofrecer una liquidación justa a sus empleadas, volvió a su antigua ocupación en el banco. A los seis meses, sin embargo, ya estaba de regreso. Se había asociado con dos amigos suyos (un contador y un experto en relaciones públicas) y volvió a intentarlo. Tampoco en esta ocasión le fue bien, pero al menos logró mantener el negocio a flote.

Todo esto ocurrió a finales de los años noventa. Hace unos meses, Joseph recibió el premio que cada año otorga la Asociación de Empresarios de Seattle. Entre 2008 y 2009 su compañía creció a pasos agigantados. Hoy en día ha comenzado a competir en algunos estados con firmas tan importantes como Adidas y Nike. "En realidad —confesó durante su discurso de aceptación del premio— nunca imaginé que llegaría tan lejos. Tampoco imaginé que algún día me encontraría frente a ustedes recibiendo este reconocimiento. Sin embargo, hay dos cosas que siempre supe: que sería dueño de mi propio negocio y que dicho negocio sería próspero.

Eso no estaba a discusión ni era negociable. Toda mi vida quise ser empresario y lo logré."

Así pues, no dude. Crea en usted mismo y póngase metas importantes. Comprométase con esas metas y, sobre todo, no se subestime. Ésta es, sin duda, una de las lecciones más importantes que nos ofrece la gente exitosa.

No se subestime

Por supuesto que es necesario saber lo que deseamos. Conocer cuáles son nuestros verdaderos sueños y aspiraciones. Y es que, ¿cómo vamos a conquistar una meta que ni siquiera tenemos clara?, ¿cómo concentrar nuestros esfuerzos si no sabemos lo que realmente deseamos? Pero no basta con identificar la meta. Es necesario, además, *creer* que podemos alcanzarla y *querer* alcanzarla. Hay que anhelar con todo el corazón estar en la cumbre, soñar con ella, imaginarnos a nosotros mismos conquistándola.

Es curioso comprobar lo difícil que resulta convencerse del valor propio. En el mejor de los casos, la mayoría sabe que posee algunas habilidades y destrezas, y que gracias a ellas *podría,* si se lo propusiera, llegar a obtener ciertas satisfacciones en la vida. Sin embargo, muy pocos creen de verdad que pueden obtener *todo* lo que se propongan y que además lo *merecen*. ¿A qué se debe esto?

> *Ponga su cerebro a trabajar, aliméntelo con la creencia de que el éxito no es algo inalcanzable, algo reservado a un grupo de privilegiados. El problema no consiste en averiguar si usted puede o no puede ser un triunfador. Esto último está fuera de discusión; ni siquiera se lo plantee. El quid de la cuestión radica, más bien, en que lo acepte, en que se convenza de ello.*

En primer lugar, se trata de un problema de autoestima. Infinidad de personas van por la vida sobrevalorando a los demás y subestimándose a sí mismas. Es decir, muchos suponen que los individuos exitosos que conocen son necesariamente más inteligentes, audaces, sensibles y emprendedores que ellos. Esto no tiene por qué ser así. La capacidad personal muchas veces está oculta, esperando que la saquemos a la luz. Según mi experiencia, nueve de cada diez veces uno acierta si supone que vale más de lo que cree.

En segundo lugar, la dificultad para convencerse de la valía personal se relaciona también con el miedo. En efecto, desarrollar las habilidades y dones ocultos resulta, en muchos casos, algo intimidante, pues ello acarrea una serie de riesgos, compromisos y responsabilidades que no cualquiera está dispuesto a asumir. El problema es que, al no asumirlos, estamos condenados a permanecer estancados en el mismo lugar. En el terreno empresarial, he conocido a hombres y mujeres con la capacidad y el conocimiento suficientes para convertirse en altos ejecutivos y que, sin embargo, permanecen toda su vida en un puesto sin importancia, ganando apenas lo suficiente para irla pasando. Muchos de ellos declaran, incluso, estar satisfechos consigo mismos y dicen llevar una vida feliz y sin presiones. Yo francamente no lo creo. Casi todas las personas poco exitosas que conozco han racionalizado su mediocridad hasta convertirla en una coartada, en una excusa. En mi opinión, éstas son formas de autoengaño utilizadas por sujetos que, por miedo, han sacrificado su potencial en aras de una falsa seguridad.

Así pues, si quiere pensar como ganador considere su situación actual como algo pasajero, como un peldaño en la escalera del éxito. No le tenga miedo a las situaciones difíciles, a las responsabilidades o a los riesgos que deberá enfrentar. Todos ellos son indicadores de que va por buen camino. Un amigo me dijo una vez: "Si pasa un semana sin que me haya visto obligado a tomar una decisión difícil o haya corrido un riesgo calculado, comienzo a preocuparme, pues ello me indica que ya no estoy avanzando".

En el siguiente capítulo le ofreceré algunas estrategias para elevar su autoestima y combatir el miedo que obstaculiza el camino hacia nuestras metas. De esta manera podrá usted desarrollar el tipo de creencia al que me referí en este capítulo y el cual es, como ya expliqué, uno de los rasgos más importantes de los ganadores.

II
El poder de la creencia

Según un viejo adagio, podemos llevar un caballo al río, pero no obligarlo a beber agua. De la misma forma, yo puedo mostrarle cómo la creencia en el éxito constituye la mejor estrategia para triunfar, pero no puedo obligarlo a creer en ello si usted no lo desea. También puedo mostrarle hasta qué punto los miedos y la inseguridad son los más terribles obstáculos para alcanzar metas ambiciosas, pero jamás lograré que usted venza esos miedos e inseguridades si carece de la disposición para ello.

El ser humano, sin importar su edad, sexo, nivel educativo o posición económica puede, si se lo propone, modificar su conducta, erradicar vicios, resolver situaciones conflictivas y enfocar sus esfuerzos hacia objetivos cada vez más importantes. La única condición para lograr todo esto es que la persona se persuada de que tales cambios son necesarios. Como ya dije en el capítulo anterior, no es suficiente *saber,* también es necesario estar *convencido*. Uno debe *querer* con todas sus fuerzas las metas que anhela y estar cierto de que las alcanzará. Sin este convencimiento, es poco lo que se puede lograr.

Un buen ejemplo de lo anterior lo encontramos en Alcohólicos Anónimos, agrupación sin fines de lucro cuyo sistema ha demostrado, durante los años, su eficacia para controlar esta enfermedad y ayudar a quienes la padecen a llevar una vida normal. No obstante, cualquiera que conozca los principios que rigen dicho sistema, sabe que nadie puede dejar de beber si no está convencido de que este hábito le está causando problemas a él y a sus seres queridos. Sólo cuando alguien ha visto cómo su vida profesional y familiar se derrumba a causa del alcohol y ha comprendido la necesidad de abandonar la bebida, está en condiciones de iniciar el proceso de recuperación. Algo parecido ocurre en el caso que nos ocupa.

> *Usted no tendrá éxito si no está convencido de que puede y debe cambiar. Usted y nadie más es el responsable de su vida y, por lo mismo, es la fuente de sus triunfos y derrotas.*

II. El poder de la creencia 35

En este contexto, resulta sorprendente la capacidad de autoengaño del ser humano. Los individuos son capaces de inventar toda clase de excusas para justificar su situación presente. En este sentido, todos somos capaces de esgrimir los más elaborados argumentos para evadir la responsabilidad que significa hacerse cargo de nuestro destino. En ocasiones estas excusas son tan efectivas que no solamente convencemos a los demás, sino que nosotros mismos terminamos creyéndolas. Es como en aquella fábula de Esopo en la cual una zorra se dice a sí misma que las uvas de cierto racimo están amargas, por la sencilla razón de que ha renunciado a tratar de alcanzarlas. Del mismo modo, los seres humanos somos capaces de decir que tal o cual logro es indeseable con tal de evitarnos el trabajo que supone su búsqueda. Sin embargo, cuando hablamos de éxito nos estamos refiriendo a cosas como seguridad económica, felicidad conyugal, tranquilidad interior, gusto por la vida, etcétera. Es decir, objetivos deseables para todos.

Así pues, las estrategias que abordaré en este capítulo y que iré desarrollando a lo largo del presente volumen sólo serán efectivas si el lector está verdaderamente convencido de que *puede* y *merece* ser un ganador. Por ello, si usted sospecha que pertenece al Club de los Nacidos para Perder, o piensa que los grandes triunfos no son para usted, no pierda el tiempo con este libro.

No lo olvide: usted vale más de lo que cree, pero no llegará a ningún lado si no se convence de ello.

¿Por qué funciona la creencia?

Uno de los fenómenos más curiosos descubiertos por la psicología moderna es el poder de la sugestión. En la vida cotidiana encontramos infinidad de ejemplos de dicho fenómeno. Tal es el caso de esas inocuas píldoras recetadas por los médicos —conocidas con el nombre de placebo—, las cuales no poseen valor terapéutico alguno, pero poseen un valor terapéutico indudable. Otro ejemplo lo encontramos en las fobias, las cuales se incrementan cuando los individuos son sugestionados. Una persona puede influir sobre otra y obligarla a creer y hacer cosas contrarias a sus valores y creencias. Muchos líderes poco escrupulosos se han valido de este recurso para manipular a las masas, exacerbando sus sentimientos nacionalistas o su fe religiosa con el fin de empujarlos a cometer acciones que, en otras circunstancias, no serían capaces de realizar.

Ahora bien, la sugestión adquiere un carácter muy peculiar cuando se convierte en *autosugestión*. Es decir, cuando es uno mismo quien se predispone. En este caso, dicho mecanismo psicológico no requiere la intervención de ningún agente externo. Somos nosotros quienes lo ponemos en funcionamiento y a quienes influirá. Se trata de una situación mucho más común de lo que se piensa y que controla gran parte de nuestros actos. En ciertas ocasiones, la autosugestión llega a convertirse en una enfermedad que obliga a las personas a desarrollar conductas capaces de poner en riesgo su salud mental y física, y con frecuencia desembocan en algún tipo de neurosis. Veamos un ejemplo.

Supongamos que un día me encuentro con un anuncio en el periódico solicitando un profesional con mis características. Como el puesto me interesa llamo para solicitar una cita. Mientras voy en camino me pongo a pensar: "Seguramente están buscando a alguien más joven. Tal vez quieren a una persona con más experiencia que yo; gente que haya trabajado en una compañía importante. Quizá cuentan con un equipo de cómputo tan avanzado que yo no lograré operar". Más adelante comienzo a preguntarme si elegí bien el color de la corbata o si el tipo de referencias que traigo conmigo será el más adecuado. En realidad ni siquiera conozco a mis posibles empleadores; sin embargo, ya elaboré una serie de conjeturas relacionadas con lo que desean de mí y con mi falta de aptitud para cumplir con dichas expectativas. He puesto en funcionamiento la autosugestión negativa y, de esta manera, se ha creado una sensación de fracaso, inseguridad y miedo que se reflejará durante la entrevista. Yo mismo he cerrado las puertas del nuevo empleo.

Pero las cosas no acaban aquí. Al no conseguir el empleo pensaré que las creencias sobre mí no eran infundadas: "¡Claro! Si ya lo decía yo. Soy demasiado viejo para el puesto, carezco de experiencia, no tengo los conocimientos suficientes… Por eso no me contrataron. En su caso yo hubiera hecho lo mismo". Tales ideas son tan falsas como los razonamientos que los originaron. Sin embargo, han servido para reforzar mi baja autoestima y, cuando vuelva a solicitar un empleo, esta experiencia se sumará a las anteriores, haciendo cada vez más difícil mi crecimiento profesional. Es importante notar que, en estos casos, el problema no surge del enfrentamiento del individuo y una determinada realidad que lo decepciona, sino entre un conjunto de ideas distorsionadas que predisponen al sujeto a obtener ciertos resultados, las cuales, a su vez, son tomadas erróneamente como la confirmación de tales ideas.

II. El poder de la creencia

Como ya dije, este fenómeno es bastante común. Muchas personas en todo el mundo piensan y actúan con base en la autosugestión. Es decir, a partir de ciertas creencias que ellos mismos han puesto en su cerebro de manera inconsciente y que determinan su forma de encarar la realidad. Lo más curioso es que la mayoría de las veces se trata de ideas cargadas de negatividad que, en lugar de alentar al individuo, alimentan su inseguridad y crean obstáculos imaginarios y dificultades ilusorias que complican su relación con el mundo.

Pero las cosas no tienen por qué ser siempre así. Piense por un momento qué sucede si introducimos, a propósito y de manera sistemática, determinadas creencias positivas en nuestro cerebro. Me refiero específicamente a creencias destinadas a reforzar nuestra autoestima y a fortalecer la confianza en nosotros mismos. Imagínese que pudiéramos emplear de manera consciente el mecanismo psicológico de la sugestión para convencernos de que poseemos la capacidad para triunfar. Sería extraordinario, ¿no le parece?

> *Usted puede implantar en su cerebro la creencia en el éxito y lograr que ésta influya a su manera de pensar, hablar y actuar. De esta forma, preparará a su mente para obtener resultados mucho mejores de los que ha conseguido hasta el momento.*

Es algo parecido a introducir en una computadora personal un nuevo software. Una vez dentro, el programa le permitirá realizar tareas que antes no podía hacer. El aparato es el mismo y la información original se encuentra aún en la memoria electrónica. Lo único diferente es el programa, esto es: las instrucciones que nos permiten procesar de otra manera los datos ya existentes.

De seguro, en este momento estará usted ansioso por saber dónde se consigue tan extraordinario programa de autosugestión. En realidad no es tan difícil de obtener. El problema está en *decidirse* a utilizarlo. Esto último depende, como afirmé al principio del capítulo, de usted y de nadie más. Su decisión es la única que puede pulsar la tecla "enter" en su computadora mental para activar la autosugestión.

Permítame suponer que finalmente ha decidido desarrollar la creencia en el éxito y que además acepta, al menos en principio, la posibilidad de que esto puede ayudarlo a cambiar su forma de ser.

A continuación, me ocuparé de algunas de las estrategias capaces de poner en marcha la autosugestión. Se trata, para seguir con el símil informático, de mostrar la manera de operar el programa en su ordenador mental.

Claves para la autosugestión

¿Quiere ser un triunfador? Entonces luzca y actúe como tal. He aquí una de las principales claves de la autosugestión. Ya sé que esta fórmula suena un poco extraña. Al escucharla, parece como si le estuviera sugiriendo a usted convertirse en un simulador, en alguien que trata de pasarse de listo. Es como si yo lo estuviera invitando a fingirse exitoso para así dar una determinada apariencia frente a los demás. No es esa la idea.

Lo que sugiero es algo muy distinto. La cuestión no es disfrazarse con los atuendos del éxito para crear una impresión favorable. De lo que se trata, más bien, es de acostumbrar a nuestro cerebro a pensar como un ganador, lo cual redundaría, a su vez, en el desarrollo de hábitos positivos y de una sensibilidad enfocada al éxito.

Pero, ¿cómo piensa un ganador y cuáles son estos hábitos y actitudes que lo caracterizan? Para empezar, un ganador es alguien que se conduce de manera *confiada*. Es decir, alguien que actúa con decisión una vez que sabe lo que quiere. Los empresarios exitosos no son impulsivos ni irresponsables. Son sujetos que meditan cada uno de los pasos que van a dar y toman las debidas precauciones. Sin embargo, cuando llega el momento de actuar, no vacilan. Esto no impide que se equivoquen en ocasiones; no obstante, es mejor equivocarse en grande y volver a intentarlo, que no atreverse a hacer las cosas por miedo al fracaso. Veamos con más cuidado este asunto.

Cómo desarrollar la confianza en uno mismo

La confianza es una característica de la mayor parte de los hombres y las mujeres de éxito. Es algo que se refleja en todos los aspectos de su vida, desde la forma de vestir hasta la manera en la que negocian. No es un detalle específico, sino un conjunto de factores actuando de manera coordinada y cuyo resultado es ese "no sé qué", ese aire de seguridad y dominio que irradian los triunfadores. Uno de los individuos que mejor encarnó este ideal de confianza y seguridad fue François Mitterrand, quien fue presidente de Francia de 1981 a 1995. En una ocasión, durante una de sus visitas a Estados Unidos, fui testigo no solamente de su sencillez y cortesía, sino de la manera directa y confiada con la cual se conducía en público. Usted también puede desarrollar esta misma facultad. Todo es cuestión de poner atención a los pequeños detalles e ir avanzando poco a poco.

II. El poder de la creencia

¿Por dónde comenzar? Puede ser con su indumentaria. Cualquier persona deseosa de alcanzar la cima —máxime si se trata de un empresario, un ejecutivo en el área de ventas, servicios o relaciones públicas— debe tomar en cuenta su ropa. No pretendo decir con esto que un traje de casimir o una corbata de seda sean más importantes que la disciplina, el esfuerzo y los conocimientos. No obstante, es un hecho que el guardarropa masculino y femenino, lejos de ser un asunto secundario o prescindible, representa uno de los temas que toda persona emprendedora debe considerar seriamente. No sólo para dar una buena impresión a los otros, sino también para influir en uno mismo. En este sentido, resulta sorprendente comprobar hasta qué punto la forma en cómo lucimos determina nuestra forma de sentir y actuar. Por ejemplo, cuando el hijo pequeño de mi prima se pone el disfraz de Iron Man se transforma hasta sentirse como este personaje.

Lo anterior vale también para nuestra conducta. Acostúmbrese a actuar con decisión. No deje que la vida lo arrastre; tome usted la delantera. Camine con brío, salude a las personas y mírelas a los ojos, interésese en sus problemas y, por favor, no olvide sus nombres. Puede que usted sea demasiado tímido o introvertido. No importa. Al principio le costará trabajo conducirse de una manera confiada y quizá hasta se sienta incómodo. Sin embargo, poco a poco, la costumbre se volverá un hábito y terminará integrándose a su personalidad. Lo mismo podemos decir de su rutina diaria, de esos actos que realizamos todos los días y que se vuelven mecánicos. Levántese de la cama inmediatamente, aliméntese bien, salga a trabajar con gusto, realice las tareas domésticas con energía, como si de ello dependiera su futuro. Estas actitudes serán, al principio, actividades conscientes, no obstante, a fuerza de repetirse pasarán a formar parte de su conducta.

Quiero abrir un pequeño paréntesis para hacerle ver un curioso fenómeno relacionado con lo dicho hasta aquí. Es obvio que muchas personas se conducen confiadamente porque son confiadas. Es decir, sus actos constituyen un reflejo de su personalidad. Sin embargo, aquí hemos visto que una buena forma de cultivar la autoestima, la seguridad en nosotros mismos, radica en actuar como si ya se poseyera esa característica.

Actuar "como si" ya fuéramos triunfadores constituye precisamente la clave fundamental de la autosugestión.

II. El poder de la creencia

> *Puede que alguien no sea todo lo enérgico y desenvuelto que quisiera ser, puede que la inseguridad aún lo domine. Sin embargo, al obligarse a actuar "como si" nada de esto fuera un inconveniente, pretendemos ejercer una influencia positiva sobre nuestro cerebro. Así, no nos conducimos confiadamente porque lo seamos, sino porque queremos serlo.*

No sé si se dé cuenta de la importancia de esta idea. Usted puede obligarse a *pensar* de manera distinta si comienza a *actuar* de manera diferente. De esta forma, la timidez se vence esforzándose por actuar de manera confiada.

Insisto: no se preocupe si, al principio, le cuesta un poco de trabajo conducirse confiadamente. Todo es cuestión de costumbre y de ir venciendo las resistencias del cerebro.

Estrategias para aprender a manejar el temor

Gran parte de la confianza que caracteriza a los ganadores se manifiesta en su habilidad para impedir que los temores los abrumen y les impidan alcanzar sus metas. El miedo es, en este sentido, el peor enemigo del éxito. De hecho, pocas fuerzas hay tan perjudiciales para el progreso de una persona como el temor. No me refiero solamente a ese terror paralizante que invade a algunos cuando se dirigen a un auditorio o cuando deben tratar con un cliente difícil o un jefe tiránico sino, sobre todo, a ese temor difuso que asalta a infinidad de individuos cuando reflexionan sobre su vida. Son temores relacionados con la inseguridad económica, la salud, la incertidumbre respecto al futuro, la incapacidad para relacionarse con los demás, etcétera.

El miedo es un sentimiento generalizado que afecta a una gran cantidad de personas, muchas de las cuales ni siquiera se han dado cuenta de hasta qué punto sus temores controlan sus vida. Ello en virtud de que el miedo se manifiesta de diversas maneras. Por ejemplo, a todos nos interesa la seguridad (económica, laboral, familiar); sin embargo, hay sujetos para los cuales esta palabra lo es todo. Estos individuos nunca se arriesgan, no tienen grandes proyectos ni buscan mejorar en su trabajo. Su lema favorito es: "No hagas olas". En el fondo de esta actitud se oculta un gran miedo. ¿Miedo a qué? Al fracaso, a la vida, a perder su dinero, a las dificultades, al desamor, a la soledad…

II. El poder de la creencia

Es muy importante entender que una existencia sin riesgos tiene muy poco interés. Los riesgos son los encargados de ponerle sal y pimienta a la vida. Además, el hecho de hacerles frente nos permite desarrollar nuestra mente, incrementar nuestra autoestima. También nos ayuda a acceder a una mayor plenitud y contribuye al crecimiento interior.

Queda claro que al hablar de riesgos me refiero a los llamados "riesgos calculados" y no a actos irresponsables o audacias sin sentido. Entre los mejores ejemplos que conozco de riesgos calculados está el que corrió Ward Cosgrove, miembro de la junta directiva de una compañía de alimentos llamada Minnessota Valley Canning Company. Durante un viaje a Europa, este señor descubrió una variedad de chícharos conocida como Príncipe de Gales. A diferencia de los chícharos estadounidenses, éstos eran arrugados, oblongos y su tamaño era mucho mayor que el promedio. Esto hizo que las grandes tiendas se rehusaran a venderlos, pues suponían que a los consumidores no les iban a gustar. En lugar de atemorizarse y abandonar el proyecto, Cosgrove corrió un riesgo singular.

Michael Gersham, autor del libro *Mercadotecnia de lanzamiento* nos cuenta que Cosgrove se atrevió a dejar de surtir a los grandes almacenes y vendió el chícharo directamente a los consumidores. Cuando la gente empezó a pedir este producto, las cadenas de tiendas no tuvieron más remedio que hacer su pedido. Con el paso del tiempo estos chícharos terminaron por imponerse. Hoy en día se venden en todo Estados Unidos bajo la marga Green Giant (Gigante Verde). Cosgrove pudo haber perdido millones para su compañía (y ser despedido por ello), pero tuvo el valor de realizar una jugada audaz y triunfó.

Ahora bien, no basta con señalar que el miedo es un obstáculo para el éxito. Hace falta decir cómo podemos vencerlo y, para ello, es necesario contar con una estrategia. El primer paso consiste en precisar nuestro miedo, en definirlo con la mayor precisión posible. En ocasiones, al objetivar lo que nos asusta logramos reducir su influencia sobre nosotros. Recuerde: cuando Drácula sale de la oscuridad y se expone a la luz del día, se desintegra hasta quedar convertido en un inofensivo montón de polvo. Del mismo modo, buena parte de las cosas que nos asustan se evaporan cuando las colocamos bajo la luz del entendimiento y nos percatamos de su verdadera dimensión.

El segundo paso consiste en actuar. Es decir, en enfrentar de manera decidida aquello que nos atemoriza o nos produce algún tipo de resistencia. Suena sencillo, pero es ex-

II. El poder de la creencia

traordinaria la facilidad con la cual el ser humano evade responsabilidades y no hace lo que debería. Hay casos en los cuales los individuos derrochan una gran energía para evitar las tareas cuya realización exige, en comparación, un esfuerzo mucho menor.

Recuerdo, en este sentido, el caso de algunos de mis compañeros de la universidad, los cuales eran capaces de idear las más elaboradas estratagemas durante la temporada de exámenes. Algunos se las ingeniaban para robar las respuestas, mientras que otros elaboraban complicadas trampas para obtener una calificación aprobatoria. Al verlos dedicar tanto tiempo a la planeación y puesta en práctica de tales ardides, siempre me pareció que resultaba mucho más sencillo tomar los libros y ponerse a estudiar.

Esto último no es algo que ocurra solamente en el ámbito estudiantil. Hay gente cuya vida se define en los términos de una evasión constante. Y todo por no enfrentar con acciones directas y decididas nuestros temores. ¿Quién no conoce sujetos que prefieren padecer durante días los dolores de una muela con caries en lugar de ir inmediatamente al dentista, o empleados que pasan toda su vida en el mismo puesto porque no se decidieron a discutir un ascenso con su jefe?

Esta tendencia a la evasión provoca, además, el reforzamiento de los temores y las dudas, los cuales no se alimentan sólo de lo real, sino sobre todo de la imaginación. Es decir, de las fantasías, los prejuicios y las ideas distorsionadas.

> *Un problema pequeño crecerá en nuestra imaginación si no lo encaramos. Del mismo modo, una experiencia desagradable puede convertirse en un fardo sobre nuestras espaldas si no hacemos algo para combatirlo. Y la manera más eficaz de hacerlo es mediante la acción.*

Hasta aquí hemos visto cómo la creencia en el éxito es algo susceptible de ser aprendido y desarrollado por cualquier persona. También propuse a la autosugestión como una buena estrategia para introducir dicha creencia en nuestra mente. Además, me ocupé del fortalecimiento de la confianza en uno mismo y del manejo de los temores. Estos dos aspectos son, como ya lo expliqué, requisitos indispensables para que la autosugestión funcione; después de todo, alguien inseguro y temeroso difícilmente aceptará su condición de ganador. Ya lo dije al principio de este libro: para tener éxito hay que comenzar *creyendo* en el éxito.

En el siguiente capítulo veremos que, además de confiar en nosotros mismos, y vencer el miedo, también es necesario poseer grandes sueños. Los seres humanos realmente exitosos tienen metas importantes, anhelos que van más allá de lo convencional. En pocas palabras: son individuos que sueñan en grande.

III

Usted vale más de lo que cree

La autodevaluación es una característica que, por desgracia, se encuentra muy generalizada. Todos los días y a todas horas me encuentro con infinidad de personas inteligentes, creativas, perseverantes y con una gran sensibilidad que, sin embargo, llevan una existencia que no está a la altura de sus capacidades. Son hombres y mujeres capaces de llegar lejos, individuos que podrían tener un empleo mejor remunerado y más satisfactorio, gozar de un mejor nivel de vida y alcanzar logros importantes en sus respectivos campos. Sin embargo, muchos de ellos se conforman con su precaria situación y aceptan lo que la vida les va dando. Algunos no la pasan tan mal; no obstante, uno se da cuenta de inmediato que, si ellos quisieran, podrían vivir de otra manera.

¿A qué se debe esto?, ¿por qué tantas personas no explotan su capacidad al 100 por ciento?, ¿por qué desperdician sus dones y habilidades?; dicho en pocas palabras, ¿por qué se autodevaluan?

Para responder a estas interrogantes, tendríamos que analizar los diferentes factores (psicológicos, sociales, biológicos, etcétera) que determinan la vida del ser humano. No obstante, es innegable que uno de los aspectos clave en esta cuestión es el miedo. En efecto, como ya lo explicamos en el capítulo anterior, el miedo es uno de los principales obstáculos para el progreso de las personas. El miedo paraliza y estanca el avance hacia la cima, obligando a muchos a conformarse con menos de lo que pueden conseguir.

Como es natural, ninguna persona admite abiertamente que es el temor lo que le impide llevar una vida más acorde con sus capacidades. Casi todos recurren a excusas tales como la situación económica, la injusticia en el mundo, la competencia desleal, la discriminación, la corrupción, entre otras. Curiosamente, todas estas razones apelan a factores externos. Es decir, nunca es culpa nuestra, sino de otras personas o de las circunstancias. David J. Schwartz, autor de *The Magic of Thinking Big,* ha llamado a este fenómeno "excusitis", y lo califica como la "enfermedad del fracaso".

III. Usted vale más de lo que cree 55

Ahora bien, permítame suponer que usted conoce los efectos negativos del temor y ya ha comenzado a luchar contra ellos mediante las estrategias que le propuse en el capítulo anterior. También permítame suponer que reconoce, aunque sea en parte, que usted es el responsable de su propia vida. Si esto es así, está en camino de enfrentar (en el caso de que los padezca) los problemas derivados de la autodevaluación. Ello, a su vez, le permitirá llevar la vida que merece.

> *Al luchar contra nuestros temores e inseguridades reforzamos nuestra autoestima y cultivamos el valor necesario para aceptar que, en realidad, valemos más de lo que creíamos. Se trata de asumirnos como triunfadores y descorrer el velo que oculta nuestra verdadera capacidad. Al vencer la autodevaluación preparamos el camino para los grandes logros. Después de todo, solamente quien piensa que es grande puede lograr cosas grandes.*

A continuación veremos cómo una autoestima alta cambia nuestra perspectiva de las cosas y nos permite alcanzar altas cimas. Se trata, una vez más, de poner a funcionar el poder de la autosugestión, el cual se expresaría, en este caso, mediante la siguiente fórmula: "He descubierto que soy importante y que valgo más de lo que pensaba; por lo tanto, puedo aspirar a cosas valiosas y puedo conquistar metas de las que no me sentía capaz".

Usted es importante: piense como tal

El primer paso para superar la autodevaluación consiste en erradicar esa falsa modestia que nos lleva a minimizar, ante nosotros y ante los demás, todos nuestros logros. No se trata de jactarse de lo que hacemos, ni de actuar con soberbia, sino de reconocer abiertamente nuestros aciertos y no avergonzarnos de ellos. Los ganadores no necesitan presumir de sus triunfos, no gritan a los cuatro vientos que ellos son los mejores, pero tampoco se quedan callados. Los ganadores suelen ser generosos a la hora de reconocer la ayuda que recibieron de los demás y aceptan que, en ocasiones, la suerte los ayudó un poco. Sin embargo, cuando se refieren a sus méritos, virtudes y conquistas evitan la modestia. No alardean ni se felicitan, sólo aceptan —con naturalidad y satisfacción— aquello que por justicia les corresponde.

III. Usted vale más de lo que cree

Thomas Alva Edison nunca negó las valiosas aportaciones de sus colaboradores, ni pretendió que todos sus inventos fueron creación exclusivamente suya. Sin embargo, jamás dejó que nadie minimizara sus descubrimientos ni lo tratara como un individuo cualquiera. Nunca se le oyó presumir de sus logros, pero tampoco se le escuchó decir que sus ideas valían poco o que fueron resultado de la suerte.

Así pues, no seamos modestos. Esta bien mantener una actitud reservada en ocasiones, pero aprendamos a reconocer y aceptar nuestros aciertos. Esto es importante no sólo para proyectar una imagen de seguridad ante los demás sino, sobre todo, para fortalecer nuestra autoestima. Esto último en virtud de que, si uno cree en su propio valor y no se avergüenza de sus logros, será capaz de tener expectativas altas. Y esto último es precisamente de lo que se trata.

Los que tienen expectativas pequeñas, obtendrán logros pequeños. Quienes se conforman con poco, ganarán poco. En cambio, quienes se han convencido de que son grandes, conquistarán metas grandes. Asimismo, quienes asumen su valía y reconocen que son tan buenos como el mejor, sin duda llegarán lejos. Todo es cuestión de reconocer que somos mejores de lo que pensábamos.

> *Estas afirmaciones bien podrían constituir toda una filosofía de vida. No son sólo palabras impresas destinadas a hacerlo sentir bien. Se trata de un conjunto de ideas capaces de ayudarlo a enfrentar la vida de otro modo. ¿De qué modo? Pues simple y sencillamente a la manera de los ganadores. Estos últimos se caracterizan por pensar en grande, es decir, tienen una alta opinión de sí mismos y poseen expectativas altas. Su meta no es la cumbre del Everest, sino las estrellas.*

Claro que no es fácil tener expectativas altas. De hecho, muy pocos se atreven a tenerlas. Y es que, desde que nacemos, somos aleccionados para pensar en pequeño y para tener sueños modestos y objetivos limitados. Reflexionemos un poco sobre este tema. Las primeras lecciones de vida las recibimos de nuestros padres, quienes —con la mejor intención— se esfuerzan para que pongamos "los pies en la tierra". De esta manera buscan protegernos contra las decepciones y los golpes que da la realidad. (Luego, cuando nos convertimos en adultos, nos encargamos de transmitir este mensaje a nuestros hijos.) Pero, por supuesto, los padres no son los únicos responsables. Infinidad de personas —muchas de ellas sin la buena voluntad de nuestros padres nos hacen ver (en la escuela, la calle y la oficina) que lo más cómodo, tranquilizante y seguro es conformarse con "metas razonables".

Pero, ¿qué entienden estas personas por una meta razonable? Si Balzac, el gran escritor francés, se hubiera conformado con alcanzar metas razonables, nunca habría escrito *La Comedia Humana,* descomunal fresco literario formado por 97 novelas. Si el general Patton se hubiera dejado convencer por sus compañeros de armas de que debería conformarse con metas razonables, nunca hubiera echado fuera de Italia a los nazis. Si Lech Walesa, el célebre sindicalista polaco, hubiera aceptado el consejo de sus amigos de plantearse sólo metas razonables, jamás habría llegado a la presidencia de su país. Si el intérprete y compositor afroamericano Curtis James Jackson, conocido en el mundo de la música como 50 Cent, hubiera "puesto los pies en la tierra" difícilmente se habría convertido en uno de los más importantes representantes del rap y en un exitoso empresario.

Podría seguir mencionando nombres a lo largo de varias páginas. Pero creo, sin embargo, haber dejado clara la idea básica de que *el tipo de objetivos planteados determina en buena medida el nivel de éxito alcanzado por las personas.* Así, plantearse objetivos significativos y ambiciosos, motiva al individuo a pensar de otra manera; lo coloca en un camino ascendente en el cual los logros serán cada vez mayores.

Cómo prepararse para tener expectativas altas

Es fácil decirle a la gente que tenga ambiciones y que se plantee grande sueños. Sin embargo, como ya lo he dicho en este libro, no es posible llegar a la cumbre si no estoy convencido de que puedo hacerlo. El problema es que dicho convencimiento no se da fácilmente; no es el resultado de una decisión repentina. Nadie dice: "Esta bien, de hoy en adelante creeré en mi mismo y lucharé por alcanzar tal o cual objetivo". Para pensar en grande es necesario, en primer lugar, *acostumbrarnos* a pensar de esa manera. Es decir, convertir los grandes pensamientos en un hábito. Y con ello volvemos al tema de la autosugestión, lo cual a su vez nos coloca frente a la idea de que para pensar como ganadores hay que *actuar* como si ya lo fuéramos.

III. Usted vale más de lo que cree

> *Emprender proyectos a largo y mediano plazo que sean significativos para nosotros, crear hábitos que nos beneficien, hacer cosas importantes para nuestro futuro; he aquí la manera de habituar a nuestro cerebro a pensar en grande. Otra forma radica en abandonar conductas que refuerzan los pensamientos pequeños, esos que aprendemos de niños y que nos acostumbraron a preferir sólo las "metas razonables".*

Esto último resulta, sin duda, lo más difícil de lograr, pues dichas conductas se encuentran profundamente arraigadas en el subconsciente. Son instrucciones que acatamos casi sin pensar y que dominan nuestra conducta. Así, por ejemplo, cuando la situación económica de una familia se vuelve difícil, lo primero en lo que piensan muchas personas es en reducir los gastos, privarse de ciertos bienes y ahorrar. Pero esto no resuelve el problema. De hecho lo agrava, pues conforme su situación se vuelve más y más difícil, la reducción de gastos y las privaciones aumentan. Frente a esto, lo más sano no es sólo *gastar menos* dinero, sino sobre todo *ganar más*. Así, en lugar de privar a la familia de ciertos satisfactores, la forma más lógica de proceder consiste en encontrar la manera de obtener los recursos suficientes, no para *mantener* determinado estilo de vida, sino para *mejorarlo*.

> *Comience a deshacerse de los hábitos mentales que generen pensamientos pequeños. Acostúmbrese a pensar en grande y, para ello, lo mejor es actuar y planear en grande. Rechace reflexiones, conductas, rutinas y actitudes que limiten su capacidad para plantearse metas importantes.*

A continuación describiré algunas conductas que ayudarán a modificar su forma de pensar. Son conductas que pretenden ayudar a la parte subconsciente de su cerebro a deshacerse de los hábitos mentales negativos que nos impiden buscar metas altas.

La mejor manera de comenzar es evitando que las preocupaciones sin importancia le quiten el sueño y consuman su energía. Es decir, impida que las cuestiones menores —esas que acostumbran sacarlo de quicio y que lo obligan a desperdiciar su valioso tiempo— lo aparten de sus metas y sueños más importantes. Esas metas representan su objetivo fundamental, lo único que en verdad debería quitarle el sueño. Todo aquello que no contribuya a su logro, no tiene por qué

III. Usted vale más de lo que cree

interesarle. Dicho en otras palabras: *defina lo que en verdad desea y concéntrese en ello, dejando de lado las cuestiones que no lo acercan a este objetivo.*

Durante el tiempo que trabajé como gerente general de una prestigiosa empresa automotriz fui testigo de cómo las preocupaciones mezquinas mantenían a muchos ejecutivos atrapados en las redes de su propia inseguridad. Esto no solamente limitó la capacidad creativa de aquellas personas, sino también sus posibilidades de alcanzar cimas más altas en su área de trabajo. Muchos de ellos pudieron haber llagado lejos; sin embargo, vivían preocupándose por tonterías en lugar de concentrar sus esfuerzos en lo que realmente valía la pena. Recuerdo, sobre todo, el caso de un gerente de ventas que desperdiciaba su tiempo preocupándose por que la compañía le concediera los privilegios que le correspondían como gerente. Tales privilegios consistían, entre otras cosas, en un lugar reservado para estacionar su auto, una fotocopiadora en su oficina y una cafetera para su uso exclusivo. En realidad, nada de esto era indispensable para el buen desempeño de su trabajo. Se trataba de pequeños lujos, de caprichos destinados a alimentar su ego. El sujeto necesitaba todas estas cosas para sentirse importante, para que los demás reconocieran su autoridad. No obstante, en su caso, también servían para llenar su mente con asuntos que en nada contribuían al logro de sus metas. Después de todo, ¿quién puede concentrarse en proyectos ambiciosos, en logros sobresalientes y en innovaciones espectaculares, si pasa buena parte de la jornada molesto porque la empresa no le otorgó un lugar de estacionamiento reservado o una cafetera?

Lo anterior vale también para la maledicencia y la intriga, fenómenos que, por desgracia, se manifiestan con frecuencia al interior de los grupos humanos. Es sorprendente la cantidad de energía que, en algunas empresas, se desperdicia en actividades tales como chismes, comentarios mal intencionados, rivalidad y luchas internas. Nada de esto contribuye al crecimiento sano de un negocio y, generalmente, es fuente de tensiones y conflictos. Además, tal dinámica lleva a los individuos a asumir actitudes revanchistas o alevosas que sólo perjudican a quien las practica.

> *No deje que las situaciones insustanciales de la vida lo distraigan y obstruyan su camino. Enfoque la vista en sus objetivos e ignore esa avalancha de insignificancias que sólo sirve para dispersar su atención y gastar energía inútilmente. No preste oídos*

III. Usted vale más de lo que cree

> *a intrigas y pláticas destinadas a crear confusión y resentimiento entre sus amigos, socios, familiares o compañeros de trabajo. Colóquese por encima de todo esto y canalice su energía en las cosas que usted considera realmente significativas.*

Otra estrategia para modificar nuestra percepción de la realidad y abandonar los vicios mentales que limitan nuestra capacidad emprendedora y creativa consiste en fijar nuestro valor a precio de oro. Al principio de este libro afirmé que la mayoría de las personas vale más de lo que cree. Éste puede ser precisamente su caso. Si es así, no lo guarde en secreto. Comuníqueselo al mundo. Pero no lo haga con palabras, sino con hechos y actitudes. Si usted va a solicitar empleo, no se venda barato. Hágale ver a sus futuros jefes lo afortunados que son, pues tienen la gran oportunidad de contratar a alguien tan competente como usted. Del mismo modo, si va a iniciar una relación sentimental, demuéstrele a su posible pareja que usted es el mejor candidato.

Cuando uno manifiesta con discreción pero de manera inequívoca este tipo de actitudes, está proyectando una imagen de seguridad que, sin duda, impresionará favorablemente a la gente que lo rodea. Pero, además —y esto es muy importante— irá preparando a su subconsciente para que sustituya la información anterior con una carga de datos positivos sobre lo que usted es y lo que puede realizar. Estos datos permiten ir modelando una imagen más fuerte y positiva de usted mismo.

Basta echar un vistazo a nuestro alrededor para darnos cuenta de que no todos han fijado su valor a precio de oro. La mayoría ha elegido el plomo, el aluminio y el latón. Es fácil reconocer a estos últimos. Son los que nunca protestan en el restaurante aunque los meseros los hayan tratado mal y el servicio haya sido pésimo; son los que no exigen la restitución de su dinero, pese a haber recibido un producto defectuoso; son los que se quedan callados cuando un superior los humilla en la oficina, son los que jamás expresan su inconformidad ni se enojan aun cuando tienen razones de sobra para ello. Son, en fin, todos esos individuos que van por la vida pidiendo disculpas hasta por respirar. Nunca protestan ni exigen respeto porque ellos mismos no se aprecian. Piensan que no valen lo suficiente, y tal vez tengan razón, después de todo uno mismo fija su valor como individuo.

> *Usted vale mucho. No permita que lo rebajen ni se menosprecie a sí mismo. En su trato con las personas, no importa de quien se trate, condúzcase con la confianza de quien está en igualdad de circunstancias. Trate a los demás con respeto y exija ese mismo respeto para usted. Recuerde: si no se valora, jamás alcanzará el aprecio de los demás.*

Incremente su precio

En ocasiones resulta difícil para algunas personas sentirse importantes. Son individuos que poseen una autoestima baja y que no son capaces de encontrar suficientes razones para estar orgullosos de sí mismos. Ésta es una de las situaciones más tristes en las cuales se puede encontrar un ser humano. Se trata de un estado de frustración y vacío que, a veces, da lugar a profundas depresiones y abre la puerta a las enfermedades físicas y mentales. Es un estado de abandono que, por desgracia, es muy frecuente en la sociedad contemporánea. Todos conocemos personas que, cuando pierden a un ser querido o después de algún revés económico, se abandonan a sí mismas y pierden interés en la vida. Obviamente, no se valoran mucho a sí mismas y, en algunos casos, se vuelven cínicas o fatalistas con el fin de justificarse.

Sin embargo, es importantísimo reconocer que esta actitud de autodevaluación constituye un *estado mental*. No pretendo decir con ello que sea algo sin importancia o un fenómeno ilusorio. Lo que intento decir al hablar de *estado mental* es que se trata de situaciones que han sido racionalizadas de determinada manera por las personas, y que esta racionalización es la que nos causa problemas. Es decir, en la vida de todos los seres humanos hay circunstancias adversas y dolorosas, pero la realidad, por sí misma, no es ni adversa ni dolorosa, como tampoco es triste o alegre. Somos nosotros, con nuestras acciones y omisiones, los que hacemos de determinada situación algo adverso y doloroso. Y somos también nosotros, mediante nuestras elaboraciones mentales, los que convertimos un pequeño escollo en algo insalvable. Así, un mismo problema puede ser visto de manera distinta por dos personas. Todo depende de la manera en la que cada una de esas personas elabore mentalmente la situación. Recordemos que una circunstancia difícil puede ser vista de dos maneras: como una contrariedad frustrante o como un reto que nos ayuda a crecer.

Regresemos ahora al problema del autoaprecio. Es obvio que algunas personas no se valoran mucho porque se han convencido de que no son importantes. Al reflexionar sobre su propia vida encuentran infinidad de razones para apoyar dicha creencia. No son ricos ni famosos. No han alcanzado logros espectaculares, nunca han realizado hazañas sobresalientes, jamás han ganado premios y sienten que nadie reconoce sus esfuerzos en el ámbito familiar ni en el profesional. Es claro que alguien así no puede sentirse importante ni se relaciona con los demás en términos de igualdad. No se valora porque no encuentra razones para hacerlo.

Tal vez suene un poco duro lo que voy a decir ahora, pero la mayor parte de la gente que se ajusta al perfil arriba descrito se siente bien en medio del fracaso. Es decir, no se valora porque no quiere valorarse, porque se siente más a gusto llevando una vida mediocre. Hay cierta satisfacción malsana, cierto placer masoquista que, según los psicólogos, se expresa mediante la autodenigración.

Lo anterior suena un poco exagerado; por desgracia, no lo es. A lo largo de mi vida he conocido personas que atraviesan por una situación laboral o familiar difícil y a quienes, de pronto, se les presenta una gran oportunidad para salir adelante. En lugar de aprovecharla, comienzan a buscar razones que les permitan rechazar la propuesta. Tal vez no sean conscientes de ello, pero en el fondo de su ser prefieren el papel de víctimas, desean el fracaso y tratan de justificarlo a como dé lugar. Piénselo. Tal vez usted le haya propuesto en alguna ocasión un buen negocio a un amigo que atravesaba por una mala racha, y es posible que ese amigo haya rechazado el ofrecimiento sin ninguna razón que lo justifique. Ello puede obedecer a ese desprecio masoquista por su propia persona al que nos estamos refiriendo.

> *Óigalo bien: todos somos valiosos. Todos tenemos algún don, alguna virtud o alguna habilidad de la cual podemos sentirnos orgullosos. Sin embargo, existen individuos que no se han tomado la molestia o no han querido buscar estos aspectos valiosos de su persona y pasan la vida echándole la culpa a los otros de su estado. No existe —y estoy convencido— alguien que sea un completo y absoluto fracaso, a menos que ese alguien haya querido —consciente o inconscientemente— ser un completo y absoluto fracaso.*

La educación como herramienta para ser mejores

Todo esto nos lleva al tema del incremento del propio valor. Si bien es cierto que todos somos valiosos, también lo es que cada día podemos serlo más. Los antiguos griegos tenían una palabra para expresar esta idea. Esa palabra es *augesis* y significa aumento. El ser humano puede, en efecto, aumentar su ser, puede, si se lo propone, ser más y mejor. Esto marca una diferencia fundamental respecto al reino animal. A un perro podemos enseñarle algunos trucos, pero siempre será un perro. En cambio, una persona puede cultivar su ser y convertirse en lo que él quiera. El libro *Discurso sobre la dignidad del hombre,* escrito por el filósofo renacentista, Pico della Mirandola, lo expresa muy bien al decir que al ser humano no se le ha dado un rostro que le sea propio ni una forma de actuar específica. Todo esto tiene que fabricárselo él, del mismo modo que edifica su casa y confecciona su ropa.

> *Todos podemos aumentar nuestro valor personal y así fortalecer nuestra autoestima. Una de las herramientas para lograrlo está al alcance de nuestra mano y se encuentra lista para utilizarse. Dicha herramienta se llama educación.*

En efecto, la educación es la que, verdaderamente, nos puede hacer mejores. El dinero, por sí mismo, no es suficiente. Tampoco bastan los objetos que adquirimos con ese dinero. Lo que en verdad nos transforma no es lo que *tenemos* sino lo que *sabemos*. Esto es lo único que realmente nos pertenece; es nuestra auténtica propiedad. Ello en razón de que es lo único que podemos conservar si nos quitaran todo. Es, además, lo único que se integra a nuestro ser. Un auto o una casa nunca formarán parte de nosotros; siempre serán objetos externos, cosas. En cambio, cuando asimilamos un conocimiento, éste se integra a lo que somos y nos transforma interiormente.

Así, para incrementar nuestro valor, no existe nada mejor que la educación. Por eso, el mejor consejo que le puedo dar es el siguiente: *Nunca deje de aprender*. Lea, asista a conferencias, converse con expertos, manténgase actualizado en su área de interés y estudie. El ser humano nunca pierde la capacidad de aprender, no importa cuál sea su edad o condición. Algunos sujetos, sin embargo, no desarrollan esta capacidad o dejan que se embote. Los ganadores son los que buscan de manera *continua* y *sistemática* los conocimientos. Son individuos inquietos y curiosos que no esperan a que la información llegue a ellos, sino que van por ella y la *utilizan* en su beneficio.

Esto es lo que, a fin de cuentas, nos hace mejores y refuerza nuestra autoestima. Ello, a su vez, nos coloca en condiciones de tener expectativas altas, es decir, nos ayuda a pensar como los triunfadores. En el siguiente capítulo abordaré de una manera más concreta las ideas expuestas hasta aquí. Se trata de plantear estrategias específicas que le permitan conducirse como un ganador.

IV

La planeación efectiva

A lo largo de estas páginas he insistido en la idea de que el éxito personal depende, en primer término, de la información con la cual hemos alimentado nuestro cerebro. Esto significa que nuestras creencias, expectativas y visión del mundo determinan nuestros triunfos y fracasos. De esta forma, si alguien ha llenado su mente con ideas pesimistas y posee un concepto muy pobre de sí mismo, es muy probable que obtenga resultados mediocres en la vida. En contraste, quien posee una actitud mental positiva y expectativas ambiciosas, y *cree* verdaderamente que puede triunfar, tiene bastantes posibilidades de lograrlo.

Como ya dije, esto último no tiene que ver con ningún fenómeno mágico o milagroso. No se trata de que el cerebro sea omnipotente ni que cualquier cosa se convierta en realidad por el simple hecho de pensar en ella. La cuestión es un poco más complicada. Se trata, más bien, de un problema de creencias y de contenidos mentales, los cuales determinan la manera en la que actuamos. Dicho en términos más simples:

> *Nuestros actos y la forma en la cual enfrentamos la realidad se relaciona con la manera en la que funciona nuestra mente.*

Y esta última funciona de acuerdo con la información que contiene. Por ello es tan importante poseer ideas estimulantes, positivas y objetivas, no sólo respecto al mundo que nos rodea, sino también en relación con nosotros mismos.

¿Qué debemos hacer para nutrir nuestro cerebro con este tipo de pensamientos? En realidad nadie elige el tipo de ideas que alimentan su cerebro. Las ideas nos llegan de todos lados. Cotidianamente somos bombardeados con grandes cantidades de información. Sin embargo, en los capítulos anteriores hemos visto que, si bien no somos responsables de la información que ha llegado hasta nosotros y que nos ha formado —y deformado—, sí podemos realizar un esfuerzo para cambiar dicha información y ser más selectivos respecto a ella. Se trata de un esfuerzo *consciente* destinado a lograr dos cosas:

IV. La planeación efectiva 77

por una parte, expulsar vicios y actitudes negativas (excusas, negatividad, autodenigración, etcétera) y, por la otra, atraer pensamientos estimulantes y optimistas. Ya dijimos que esto último se puede conseguir mediante la *autosugestión,* la cual no es otra cosa que el esfuerzo que hacemos para tratar de convencernos a nosotros mismos de ciertas cosas mediante actitudes y conductas recurrentes. Asimismo, la autosugestión sirve para ayudarnos a ser más selectivos con el tipo de datos que introducimos en nuestra computadora mental.

Todo esto forma parte de un proceso que exige esfuerzo y persistencia. Se trata de una lucha diaria que va desde la forma de hablar y vestir hasta la forma de concebir la realidad. No lo culpo si estas afirmaciones le provocan algo de recelo. Mucha gente piensa que es poco lo que se puede lograr mediante este procedimiento. Después de todo se trata de modificar actitudes y hábitos de toda la vida, los cuales se encuentran arraigados en nuestra personalidad. Lo curioso es que la mayoría de las personas que piensan esto nunca han intentado verdaderamente generar un cambio profundo en su forma de ser. Son individuos que, en realidad, viven inconformes y frustrados, pero no están dispuestos a mejorar.

> *Cambiar nuestra personalidad negativa y nuestros hábitos perjudiciales exige un compromiso profundo y una entrega total. Cuando se tienen ambas cosas es posible intentar grandes empresas, pues todo nuestro ser está enfocado en la tarea que nos hemos impuesto.*

A continuación, me ocuparé del *segundo paso* más importante que debe dar cualquier persona deseosa de alcanzar el éxito. (El primer paso, como ya explicamos en capítulos anteriores, consiste en *querer* el éxito.) Se trata de la elaboración de un plan, de una estrategia capaz de orientar nuestros esfuerzos hacia las metas que nos hemos propuesto alcanzar. Esto es bastante fácil de comprender; no obstante, merece ser discutido.

Qué debe hacer para que sus esfuerzos rindan frutos

La vida de mucha gente está llena de promesas incumplidas, proyectos abandonados y buenos propósitos que jamás llegaron a realizarse. Prácticamente todos los seres humanos

IV. La planeación efectiva

sueñan con alcanzar determinados objetivos en su vida (volverse ricos, aprender otro idioma, bajar de peso, ganar más dinero, dejar de fumar, viajar, escribir un libro, etcétera). No obstante, la mayor parte de estos sueños nunca se convierten en realidad. De hecho, algunos individuos están tan acostumbrados a que así suceda que ya ni se molestan consigo mismos cuando los obstáculos y los esfuerzos que parecen infructuosos los obligan a dejar el barco a medio camino.

Esto último es una lástima, pues la mayoría de las veces los obstáculos que se presentan y los esfuerzos a realizar no son tan grandes ni abrumadores como parecen al principio. Sin embargo, para casi todos, es más fácil claudicar que mantenerse en la lucha. El problema es que, al actuar de esta manera, vamos dejando por la vida una montaña de proyectos, anhelos y posibilidades de vida que pudieron darnos una satisfacción enorme y que no quisimos aprovechar.

Ahora bien, la primera razón por la cual gran parte de nuestros proyectos no tienen éxito radica —como lo expliqué en el primer capítulo— en que no estamos convencidos o no *queremos* alcanzar tal o cual meta. Esto sucede de manera frecuente con ciertos deberes que se nos imponen desde afuera. Tal es el caso de aquellos individuos a quienes sus padres obligan a estudiar una carrera. Hace tiempo conocí a un joven con gran talento para la pintura a quien su padre convenció para que estudiara Administración de Empresas. Aunque este joven concluyó sus estudios y logró complacer a su padre, fue siempre un profesionista mediocre. Y lo peor de todo es que, hasta hoy, no ha tenido tiempo de cultivar su sensibilidad artística.

Otra razón por la cual muchas personas no consiguen hacer realidad sus anhelos es el miedo, tema al cual le dedicamos un amplio espacio en el capítulo dos. El temor es, en efecto, un motivo que hace que muchos empeños importantes se queden sin realizar.

Planear para triunfar

Ahora nos corresponde hablar de un fenómeno que lleva a mucha gente emprendedora al fracaso. Se trata de un factor que impide la realización de proyectos excelentes y de ideas que, en otras circunstancias, podrían haber tenido mucho éxito. Es también la principal razón por la cual infinidad de individuos capaces e inteligentes se ven obligados a abandonar sus sueños y ambiciones. Este fenómeno es la planeación adecuada.

IV. La planeación efectiva

Vamos a suponer que usted verdaderamente quiere alcanzar tal o cual meta. Supongamos, además, que ha logrado controlar las dudas y los miedos que surgen en estos casos. Dicho en otras palabras, ya tiene usted lo principal: convicción y autoconfianza. Ello significa que tiene muchas posibilidades de alcanzar sus metas, cualquiera que éstas sean. Sin embargo, todavía hace falta algo más. Se trata de una cuestión práctica y aparentemente menor, pero sin la cual la convicción y la autoconfianza no servirían de nada. La idea es averiguar cómo voy a alcanzar mi meta; es decir, cuál es el camino a seguir para lograr mis objetivos.

Dice el viejo adagio que todos los caminos conducen a Roma. Sin embargo —podríamos completar nosotros—, algunos de estos caminos son más directos que otros y, por lo mismo, nos permiten llegar antes a esa ciudad. Del mismo modo, hay muchas maneras de alcanzar nuestros objetivos. No obstante, algunas son más eficientes, rápidas y seguras que otras. La mayoría de las veces, los fracasos en la vida se deben a que elegimos el camino equivocado para ir a Roma. Así de fácil. No se trata de que seamos mediocres, ni de que el objetivo planteado haya sido irrealizable (puede ocurrir, pero no siempre es el caso). Tampoco se trata de que las circunstancias se hayan confabulado para impedirnos alcanzar el triunfo. La razón es, muchas veces, que nos equivocamos a la hora de planear.

Este tipo de equivocación es muy común y, casi siempre, resulta muy costosa. Son incontables los hombres y las mujeres inteligentes y con talento que han desperdiciado su energía y su futuro porque no se preocuparon en planear sus actos y porque no buscaron la manera más eficaz de aprovechar su talento y energía.

> *La falta de planeación adecuada constituye uno de los obstáculos más comunes para alcanzar el éxito. De nada sirve tener talento, convicción y deseo de alcanzar el éxito si no poseemos un plan de acción. Es fundamental organizar nuestros actos, establecer una lista de prioridades y pensar en la forma más eficiente de lograr nuestros objetivos. La planeación abarca no sólo los deberes cotidianos y las metas a corto y mediano plazo, sino también los objetivos de mayor envergadura.*

¿Cómo lograr que nuestros esfuerzos rindan frutos? Pues sencillamente planeando, organizando nuestros actos y buscando la manera de sacar el mayor provecho de nuestro trabajo y nuestro tiempo.

Imagínese que está usted solo en la ciudad de París y que no habla francés ni inglés. Suponga que quiere visitar el Museo del Louvre y, como no puede preguntarle a nadie la manera de llegar simplemente sale a la calle y comienza a caminar esperando que, tarde o temprano, al doblar una esquina, se encuentre con el célebre edificio. Tomando en cuenta el tamaño de la ciudad, es poco probable que encuentre el museo. Pues bien, este proceder tan poco eficaz, tan impráctico, es el que la mayoría de los individuos utilizan a lo largo de su vida para lograr sus objetivos. Salen al mundo esperando que la suerte o la regla del ensayo-error les permitan llegar hasta donde se han propuesto. No es extraño, por ello, que casi nadie esté conforme con lo que ha sido su vida.

Retomando el ejemplo anterior, supongamos que tiene un mapa detallado de París. Con la ayuda de este mapa —y una vez ubicada su posición dentro de él— no solamente podrá llegar al Museo del Louvre, sino a cualquiera de los lugares de interés que posee la ciudad. De esta misma forma, si usted tuviera un mapa de su vida, no sólo podría llegar hasta donde desea, sino también encontrar la ruta más corta. Pero, ¿existe un mapa así?, ¿en dónde lo venden?

Lo cierto es que, como cada persona es distinta y cada meta es diferente, no existe un solo mapa para todo el mundo.

De hecho, cada persona debe diseñar su propio plano de acuerdo con sus necesidades y en función de sus valores e ideales. Las preguntas que surgen de inmediato son cuándo, cómo y bajo qué criterios elaborar este plano.

En realidad, confeccionar un mapa de vida es algo que se hace todos los días y que va desde los deberes cotidianos que anotamos en nuestra agenda personal, hasta las grandes metas que deseamos conquistar a lo largo de nuestra vida. Lo importante es saber con precisión *qué queremos realmente,* pues de esta manera podremos encontrar el mejor camino para realizar nuestros deseos. Esto suena obvio, pero casi siempre lo olvidamos. Nadie puede planear la manera de alcanzar un objetivo, si no ha definido con toda precisión en qué consiste dicho objetivo.

La elaboración de un plan, ya sea un programa de trabajo o un proyecto de vida, exige clarificar nuestras metas, lo cual a su vez requiere reflexión y tiempo. ¿Cuántas horas por semana dedica usted a plantear su futuro? ¿Cuántos de sus actos y decisiones forman parte de un plan preestablecido, de un proyecto meditado y claro? Es importante, durante este proceso, poner todo por escrito. Anotar nuestras metas, así como los pasos que daremos para acercarnos a ellas, resulta no solamente útil sino indispensable, pues así podremos llevar un control de nuestro avance y estaremos en condiciones de hacer los ajustes necesarios. En las páginas siguientes me ocuparé de cuatro aspectos que nos permiten realizar una correcta organización de nuestras actividades.

1. La magia del organizador personal

La agenda personal es mucho más que un mero artículo de escritorio o de bolsillo. No es sólo un objeto destinado a anotar citas, números telefónicos y direcciones electrónicas. Una agenda puede convertirse en una herramienta invaluable para el éxito. Todo es cuestión de saber emplearla y de sacar el mayor provecho de ella.

Quiero aclarar que estoy utilizando la palabra "agenda" en el sentido de organizador personal, es decir, hablo de esas bitácoras con muchas secciones distintas. Yo suelo recomendar la marca Filofax, pero no es la única que existe. En ellas es posible anotar no sólo datos, deberes cotidianos y citas, sino también metas semanales, mensuales y anuales. También hay lugar para ideas importantes, metas a corto, mediano y largo plazo. No analizaré aquí las diferentes secciones de estos organizadores personales ni me interesa explicar su uso, pues ello no se relaciona con el tema de este libro. Lo que deseo señalar es, más bien, la manera en la cual este instrumento nos ayuda a crear un mapa-guía de nuestro futuro.

> *Así como el perro es el mejor amigo del hombre, la agenda personal o filofax es la mejor amiga de los ganadores. Su correcta utilización permite tener un plano de nuestro desarrollo individual y nos ayuda a organizar y controlar todas las fases de este proceso. Además, la agenda nos ayuda a visualizar nuestro avance, sirve para valorar logros y aprender a plantearnos nuevas metas.*

La idea de fondo es que podemos contar, gracias a un objeto práctico y portátil como éste, con un mapa que nos indica dónde queremos llegar y cuáles son los pasos necesarios para conseguirlo. Lo más importante es que si bien somos nosotros mismos quienes fijaremos allí nuestros objetivos y el lapso para alcanzarlos, el hecho de agendarlos nos sirve para tomar distancia y hacerlos más objetivos. Ello nos permite ir siguiendo nuestro avance y juzgar si estamos o no cumpliendo con el programa fijado. Se trata de crear un plano donde está el punto de partida, el de llegada y el camino

IV. La planeación efectiva 87

a seguir. Además, al establecer metas intermedias y al aclarar todo aquello que debemos realizar para alcanzarlas, lograremos administrar mejor nuestros esfuerzos y llevar un registro de los avances personales.

2. La magia de la simplicidad

Vivimos en un mundo complejo y abigarrado que, en ocasiones, nos llega a abrumar. Desde la mañana hasta el amanecer, nos enfrentamos con una enorme cantidad datos, cifras y obstáculos que intentamos manejar y que muchas ocasiones nos rebasan. Internet, la gran herramienta de nuestro tiempo, se convierte a veces en el equivalente a un alud de nieve que se nos viene encima y nos aplasta. Perdemos la perspectiva de la realidad y somos incapaces de ver claro.

Uno de los secretos de una planeación exitosa tiene que ver con la *simplicidad*. Se trata no sólo de un procedimiento para facilitarnos la existencia, sino de toda una filosofía de vida. Es algo que nos permite interactuar de manera más eficiente con la realidad, nos otorga poder y nos ayuda a ver mejor el panorama circundante. A la hora de planear, la simplicidad contribuye a crear un mapa personal eficaz y útil. Pero, ¿qué significa la simplicidad?

La simplicidad, según Bill Jensen, autor del libro *Simplicity,* es el poder de hacer menos (de lo que *no* importa) y hacer más (de lo que *sí* importa). Es también el arte de hacer que lo complejo se vuelva claro. La simplicidad nos otorga la capacidad para trabajar con mayor inteligencia y para administrar mejor nuestros esfuerzos. Es un requisito previo si se desea aprovechar la energía, la innovación, la creatividad y las ideas que no se utilizan, pero que ya existen dentro de nosotros.

No debemos confundir a la simplicidad con el hecho de actuar de manera simplista. La clave de la simplicidad consiste en desarrollar la habilidad para hacer las cosas de manera más rápida, eficiente y directa. Se trata de reducir procesos, evitar los rodeos innecesarios, deshacernos del peso muerto y abandonar las actividades que sólo nos hacen perder el tiempo y que nos desvían de nuestras metas. Estamos hablando, en otras palabras, de *hacer más con menos.*

La realidad nos ofrece innumerables casos en los cuales podemos utilizar la simplicidad. Ésta tiene que ver con la manera en la que *hacemos* las cosas, pero también con la forma en la que nos *comunicamos*. Los ganadores simplifican porque actúan de manera directa, dirigiéndose a sus objetivos

IV. La planeación efectiva

sin desvíos inútiles, pero también porque se comunican con claridad: dicen las cosas como son, sin recurrir a eufemismos o a formulismos y retórica que confunde.

Louis Patler, autor del libro sobre liderazgo *Tilt!: Irreverent Lessons for Leading Innovation in the New Economy*, muestra la tendencia de los seres humanos (y de las empresas) a complicar inútilmente las cosas. Para ello recurre a un divertido ejemplo, el cual se basa en la siguiente pregunta: "¿Qué harías si el caballo que estas montando cae muerto?" La respuesta más obvia, aquella que pone en juego la mágica simplificación, sería: "Desmontar y seguir a pie". Suena sencillo. Sin embargo, en el mundo de hoy, las soluciones obvias no son las más populares. A continuación, Patler nos ofrece una lista de la manera en la cual actuaría una empresa para resolver dicho problema.

Qué hacer si tu caballo muere

1. Compramos un látigo más fuerte.
2. Cambiamos de jinete.
3. Decimos frases como "así es como siempre he montado a este caballo".
4. Nombramos un comité para estudiar al caballo.
5. Coordinamos una visita a otros lugares para hacer un benchmarking *de la forma en que en esos lugares montan a sus caballos muertos.*
6. Reescribimos las normas de desempeño del caballo muerto.
7. Nombramos un equipo experto en eficiencia para revivir al caballo muerto.
8. Creamos una sesión de capacitación para mejorar la capacidad del jinete.
9. Comparamos el estado de los caballos muertos en el entorno de hoy en día.
10. Cambiamos los requerimientos, declarando que "este caballo no está muerto".
11. Contratamos a consultores externos para que monten el caballo muerto.
12. Enjaezamos juntos a varios caballos muertos para aumentar la velocidad y el poder de tracción.
13. Declaramos que "ningún caballo está demasiado muerto para no trabajar".

IV. La planeación efectiva 91

14. *Proporcionamos financiamiento adicional para incentivos (más palos, más zanahorias) a fin de mejorar el desempeño del caballo.*
15. *Hacemos un estudio para ver si un competidor puede montarlo de manera económica.*
16. *Compramos un producto de software que hace que los caballos muertos corran más rápido.*
17. *Declaramos que el caballo muerto es "mejor, más rápido y más barato".*
18. *Formamos un círculo de calidad para encontrar usos para los caballos muertos.*
19. *Revisamos los requerimientos del desempeño para los caballos.*
20. *Decimos que este caballo fue abastecido con el costo como una variable independiente.*
21. *Promovemos al caballo muerto a un puesto de supervisión.*
22. *Hacemos más corta la pista.*
23. *Establecemos parámetros para alcanzar el liderazgo de caballos muertos en el sector.*
24. *Reunimos otros animales muertos y anunciamos un nuevo programa de diversidad.*
25. *Preparamos una presentación sofisticada en Power Point, para hacer que los planificadores dupliquen el presupuesto de investigación y desarrollo para caballos muertos.*
26. *¡Le ponemos al caballo un sitio en internet!*

La moraleja parece clara y se resume en una palabra: simplificar. Frente a los retos que impone la planeación, hay que buscar las soluciones más sencillas, las cuales suelen ser, la mayoría de las veces, las más eficientes, poderosas, baratas, eficaces y elegantes.

3. La magia del tiempo

Otro aspecto que no podemos dejar de lado durante la fase de planeación es el manejo del tiempo. El reloj puede ser el mejor aliado o el peor enemigo: podemos utilizarlo en nuestro beneficio o ser sus esclavos. El correcto aprovechamiento de cada hora del día constituye, sin duda, una de las habilidades que caracteriza a los ganadores de nuestra época. Y es que, en la actualidad, vivimos inmersos en un mundo en el que todo ocurre de manera vertiginosa, y en el cual los avances tecnológicos nos obligan a organizar con más cuidados nuestras actividades. La abrumadora cantidad de información que se genera día con día a nuestro alrededor, así como las exigencias que impone un mundo cada vez más competitivo, obliga a las personas —y específicamente a los hombres y mujeres de negocios— a un mayor rendimiento y a una organización más eficaz de los deberes cotidianos.

IV. La planeación efectiva

Todo esto parece muy obvio. Sin embargo, existen infinidad de individuos que han perdido la batalla contra el tiempo y ni siquiera se han dado cuenta. Pensemos, por ejemplo, en esos altos ejecutivos que se vanaglorian de su capacidad de trabajo y que pasan el día entero en la oficina, sin tiempo suficiente para comer con tranquilidad, convivir con su familia, hacer ejercicio y cultivar algún pasatiempo. Estas personas no han sabido administrar su tiempo y terminan viviendo para trabajar en lugar de trabajar para vivir. Llegan a la oficina antes que nadie y se van a altas horas de la noche. La mayoría desearía, incluso, que el día tuviera más de 24 horas para poder cumplir con sus múltiples obligaciones. La realidad, sin embargo, es que ni siquiera alargando el día tendrían tiempo suficiente. Y es que el problema no está en la cantidad de tiempo invertido, sino en la manera de utilizarlo.

Lo anterior vale también para todos aquellos que nunca leen un buen libro, ni van al cine, ni continúan preparándose porque —según dicen— no tienen tiempo suficiente. Lo cierto es que todos los seres humanos contamos en el mismo número de horas al día. Leonardo da Vinci, Tomas Alva Edison y Winston Churchill contaron con las mismas 24 horas por día con las que cuentan las personas que afirman no tener tiempo. Sin embargo, desarrollaron infinidad de actividades y realizaron obras importantes sin descuidar los diversos aspectos que forman la vida humana. ¿Cuál fue su secreto? Muy simple: decidieron que era lo que realmente les importaba e invirtieron la mayor parte del tiempo del que disponían para ello.

> *Una de las mejores maneras de hacer que el tiempo trabaje para nosotros y no en nuestra contra es establecer prioridades y dejar de lado todo aquello que no contribuye al logro de nuestros objetivos fundamentales.*

Es muy importante aprender a reconocer cuáles son los principales objetivos en nuestra vida, pues de esta manera podremos concentrarnos en las actividades que nos acercan a ellos. ¿Cuántos minutos al día dedica usted a leer la sección deportiva o de sociales de los periódicos? ¿Cuántas horas al día invierte en juntas de trabajo sin sentido y en papeleo que podría hacer otra persona? ¿Cuánto tiempo destina a lamentarse de sus fracasos? ¿Cuántos días completos se pierden en proyectos que, en realidad, no le interesan ni contribuyen al mejoramiento de su vida o negocio? Éstos son sólo algunos ejemplos de actividades que no contribuyen al logro de sus metas y que solamente le hacen perder el tiempo. Y lo mismo podemos decir de aquellos deberes ineludibles que nunca realizamos de manera puntual y que, por ese motivo, se convierten en cargas que consumen nuestros días.

Por supuesto que hay actividades que, en principio parecen una pérdida de tiempo, pues no están orientadas a la productividad. Tomarse unas vacaciones, salir a pasear con la familia, ayudar a los hijos a hacer la tarea, ver una película o leer una novela. A primera vista, nada de esto se relaciona con aumentar nuestros ingresos o mejorar nuestro negocio. Sin embargo, hay que recordar que no somos máquinas y que todos necesitamos tener una existencia equilibrada y feliz. Una buena utilización del tiempo tiene que ver, también, con estar con la familia, descansar y cultivarnos. Igualmente esto contribuye al logro de nuestros fines.

4. La magia de la delegación

La cuarta estrategia empleada por quienes han aprendido a planear su vida en función del éxito es la delegación. Es decir, la habilidad para potenciar nuestra capacidad de trabajo asignando tareas a los demás. Según Heberto Mahon, en su libro *Excelencia, una forma de vida*, delegar es confiar a un subordinado la misión de alcanzar un objetivo o resultado; dándole para ello cierta iniciativa y autonomía en la elección de los medios para llegar a él, y aceptar la idea de que en la elección pueda cometer errores.

La idea de que para obtener buenos resultados uno mismo debe hacerlo todo es no sólo poco práctica, sino incluso perjudicial para su desarrollo profesional. Los hombres y las mujeres de éxito han aprendido a confiar determinadas tareas a los demás, en lugar de realizar todo personalmente. De hecho, mientras más exitoso es un individuo, mayor es su capacidad para delegar. Esto resulta de gran importancia en el mundo de los negocios. Un buen empresario es, en primer término, un coordinador; es decir, alguien cuya principal virtud no consiste en hacer las cosas personalmente, sino en reconocer a las personas idóneas para que lo hagan. En contraste, el mal empresario es el individuo autosuficiente que quiere meter mano en todo proceso productivo y él mismo se ocupa de tareas que, en realidad, sólo le quitan el tiempo y le impiden dedicarse a su función coordinadora.

El tema de la delegación tiene gran importancia en todos los niveles, no importa el tipo de trabajo que desempeñe. Tal vez no sea usted un alto ejecutivo ni el dueño de una empre-

IV. La planeación efectiva

sa con miles de empleados. En cualquier caso, saber delegar constituye un recurso de gran valor.

Supongamos que usted es el dueño de un negocio. Por pequeño que éste sea requiere, sin duda, la realización de una serie de tareas específicas. Es posible que usted pueda llevarlas a cabo. El problema es que, al ocuparse de ellas en lugar de asignarlas a otras personas, no puede ocuparse de cuestiones que usted, y sólo usted, puede realizar y que requieren de toda su atención. De nada sirve que sea un experto en *marketing* o un as de la administración si debe pasar todo el día contestando el teléfono, buscando quien repare la fotocopiadora o realizando tareas de contabilidad. Deje que esos trabajos los realicen otros. Apóyese en los demás y aproveche el talento y las habilidades ajenas. Así podrá usted concentrarse en asuntos relacionados con la planeación y la coordinación. Además, sus colaboradores y subordinados pueden beneficiarlo con sus aportaciones. Todas éstas son ventajas que usted no puede darse el lujo de ignorar.

Eugene Griessman, célebre consultor gerencial, se ha referido a la importancia de la delegación en los siguientes términos:

Si alguien puede hacer algo con mayor rapidez, mejor y en una forma menos costosa que usted, deje que lo haga. No desempeñe actividades de salario mínimo si usted gana más de esa cantidad —a menos que disfrute haciéndolas—. Si barrer hojas secas le resulta divertido, hágalo. Una vez que se convierte en una obligación, déjelo y contrate a alguien más para que lo haga.

V
El éxito y sus relaciones personales

No deja de sorprenderme la ridícula vanidad de esos individuos que, sin pudor alguno y con aire de autosuficiencia, afirman que ellos alcanzaron el éxito sin ayuda de nadie. Es cierto que, a lo largo de nuestra vida, todos hemos enfrentado por cuenta propia situaciones difíciles. También es verdad que, en ocasiones, hemos actuado sin el apoyo de los demás e, incluso, en contra de la opinión mayoritaria. Sin embargo, pretender que uno puede convertirse en un ganador por sí mismo, es no solamente una pretensión absurda, sino también falsa e injusta, como mostraré a continuación.

Hace tiempo, durante un seminario realizado en Holanda, un amigo japonés que trabaja desde hace cinco años en una conocida empresa automotriz, me contó lo decepcionado que se había sentido cuando uno de sus compañeros se llevó todo el crédito por los triunfos de su departamento.

> Yo estaba contento por él —admitió mi amigo—. Es una persona trabajadora y entusiasta. Pero, yo sabía que su ascenso dependió no solamente de sus méritos personales, sino también del trabajo de todo su grupo. No obstante, en el discurso que pronunció durante la cena de fin de año, ni una vez mencionó a sus subordinados. Durante casi dos horas habló de sus esfuerzos y su lucha personal por llegar a la gerencia. También habló de las nuevas ideas aportadas por él y de sus proyectos futuros. En aquella ocasión demostró una gran confianza en sí mismo y no sucumbió a la falsa modestia, lo cual considero admirable. Sin embargo, también demostró que era un malagradecido. Después de todo, sin el trabajo de sus compañeros él no hubiera obtenido la promoción.

Ya sea que lo reconozcamos o no, ninguna persona llegará lejos sin los demás. Vivimos inmersos en una intrincada red de relaciones y son los otros los que, en buena medida,

V. El éxito y sus relaciones personales

determinan el tipo de éxito que tendremos. En realidad sólo hay dos caminos: podemos tratar de llegar a la meta pasando *sobre* los demás o avanzando *con* los demás. En el primer caso se trata de utilizar a los otros como instrumentos, como medios para alcanzar nuestros fines. En el segundo caso, la idea es concebir a los otros como individuos que pueden contribuir a nuestro éxito, siempre y cuando nosotros nos esforcemos en contribuir al suyo.

Un claro ejemplo de la primera forma de proceder la encontramos en la famosa cinta de Orson Welles *Ciudadano Kane*, la cual narra el ascenso de un empresario que logra convertir un modesto periódico en un enorme imperio editorial. Como se recordará, el protagonista alcanza el éxito en los negocios, pero su vida personal se vuelve un fracaso: sus amigos lo abandonan, su esposa enloquece y él se vuelve un ermitaño que pasa el tiempo encerrado en su resentimiento.

> *Ya lo dijo el filósofo alemán Immanuel Kant: "No trates a los demás como si fueran medios para alcanzar determinados fines, sino como fines en sí mismos". Éste es un principio que vale para cualquiera y que se puede aplicar en todas las áreas de nuestra vida.*

Lo anterior suena muy bien; sin embargo, basta echar una mirada a nuestro alrededor para comprobar que no siempre es fácil establecer con los demás relaciones de ayuda mutua. Pienso, sobre todo, en el mundo de los negocios, donde la regla parece ser la de avasallar a los competidores antes de que ellos nos aplasten. Hay quien ha llegado a comparar este ambiente con una selva donde abundan los depredadores y en la cual sólo sobreviven los más fuertes.

Esta realidad es innegable. Se manifiesta tanto entre los banqueros de Wall Street como entre los comerciantes de un mercadillo de barrio. Sin embargo, no todo es así. Es verdad que el mundo de los negocios exige una actitud emprendedora que, en muchas ocasiones, llega a volverse agresiva. No obstante, si todo fuera una guerra sin cuartel en la que "el pez grande se come al chico", no existirían los sistemas económicos ni funcionaría una estructura comercial. Ninguna ley sería suficiente para contener a la jauría empresarial, la cual terminaría por destruirse a sí misma en poco tiempo. El resultado sería la anarquía.

Es claro que, en la realidad, las cosas no son así. En el mundo de los negocios las alianzas son necesarias. También lo es la colaboración mutua y el esfuerzo conjunto. Todo esto basado en un mínimo de respeto, comunicación y confianza.

V. El éxito y sus relaciones personales

En tal sentido, mis competidores pueden no ser mis amigos (vaya, ni siquiera tienen que resultarme simpáticos), pero los respeto y trato de llevar con ellos una relación armónica. Sé muy bien que si les doy un buen trato, hay muchas posibilidades de que ellos actúen del mismo modo conmigo.

Si esto es cierto, una de las habilidades que deben caracterizar a la gente de éxito es la capacidad para establecer relaciones sólidas y maduras con los demás. Buena parte de la gente que conozco y que entra en mi categoría personal de "ganador" ha desarrollado la habilidad para comunicarse con los demás y establecer alianzas fructíferas con ellos. Para algunos este don es algo innato, pero la mayoría de las veces se trata de una destreza aprendida. En ambos casos, estamos ante actitudes, virtudes, maneras de actuar y de pensar que nos ayudan a aparecer ante los demás como personas confiables, interesantes, comprensivas, eficientes, seguras y dignas de respeto.

> *Saber tratar a los demás y estar dispuesto a apoyarlos cuando lo necesiten, constituye una de las mejores estrategias para alcanzar el éxito. No me refiero sólo al éxito en un terreno específico, sino al triunfo integral que abarca todos los aspectos de la personalidad. Ello en virtud de que al establecer contactos firmes con nuestros semejantes, sentamos las bases de relaciones mutuamente provechosas.*

Si usted ya posee la capacidad para establecer relaciones con sus semejantes o nació con eso que se denomina "don de gentes", lo felicito. Si no es así, no se preocupe, pues existen varias fórmulas que le permitirán no solamente aprender a tratar con los demás, sino incluso lograr que los otros hagan lo que usted desea.

Cómo lograr que los demás nos ayuden a tener éxito

Ya hemos dicho que ningún ganador ha llegado a la cima por sí sólo. En todos los casos, resulta esencial contar con el apo-

V. El éxito y sus relaciones personales

yo de los demás, no importa quiénes seamos o a qué nos dediquemos. Sin embargo, no podemos esperar a que los demás contribuyan a nuestro éxito de manera espontánea. Sin duda, todos hemos encontrado a lo largo de nuestra vida maestros, amigos o parientes generosos que, por propia iniciativa y sin esperar nada a cambio, nos ayudan en los momentos difíciles. Sin embargo, no es posible depender siempre de este tipo de actitudes. Debemos entender que, para recibir el apoyo de los demás, nosotros debemos brindarlo primero. Es decir, no podemos esperar ningún favor, estímulo o colaboración de nuestros semejantes si no hemos dado nada a cambio. La palabra clave aquí es "reciprocidad".

La reciprocidad significa, básicamente, saber corresponder a una acción o a un sentimiento. Es una forma de relación en la cual ambas partes reciben aquello que han dado. En el caso que aquí nos ocupa, la cuestión radica no tanto en dar y recibir como si se tratara de una transacción comercial. No es un asunto de intercambio de favores. Planteamientos tales como "Te ayudo hoy porque necesito un favor mañana" no producen relaciones duraderas, pues se trata sólo de un canje que no crea responsabilidades ni forma vínculos importantes. La idea de reciprocidad a la que me refiero es de distinta índole. Consiste en crear un lazo de confianza y buena fe entre las personas que nos rodean y que, eventualmente, nos apoyarán para alcanzar nuestros objetivos.

Para lograr esto último no podemos emplear la simple lógica del intercambio mercantil. No se trata de un mero dar y recibir, sino de establecer una relación en la cual nosotros damos las cosas con la idea de crear una *disposición favorable* hacia nuestra persona. Por ejemplo, cuando abrí mi propio negocio yo sabía que, tarde o temprano, iba a necesitar el apoyo de mis colegas del ramo. Sin embargo, también sabía que si me dedicaba a hacerles favores y a apoyarlos con el único fin de pedirles luego su ayuda, sólo generaría recelo. Muchos de ellos comenzarían a preguntarse: "¿Por qué este señor que ni conozco está tan ansiosos de ayudarme? ¿Qué quiere a cambio? Dicha técnica está bien para alguien como Vito Corleone, protagonista de la película *El Padrino*, pero no da buenos resultados a largo plazo. En lugar de eso, siempre he preferido construir lazos de confianza, lo cual se logra manifestando una *sincera disposición* para apoyar a los demás. Esto último no lo hago, por supuesto, de manera totalmente desinteresada, pero tampoco la planteo en los términos del canje o trueque de favores. Yo apoyo a mis colegas para ganarme su confianza y su aprecio sincero y, de esta forma, lograr una relación de cooperación y mutuo respeto.

V. El éxito y sus relaciones personales

> *Para lograr que los demás se interesen por mi éxito y me apoyen, lo primero que tengo que hacer es interesarme y apoyar a los otros. Mientras más sincero sea mi interés en el éxito de mis semejantes, mayores serán las oportunidades que tendré de recibir su ayuda. La idea no es tanto hacer favores para recibir ayuda a cambio. Se trata, más bien, de establecer lazos capaces de ganarnos el aprecio, el respeto y la amistad de quienes nos rodean. De esta forma, la colaboración llegará si necesidad de pedirla.*

Hay, sin duda, mucha gente desagradecida, personas que no harán ningún gesto de reciprocidad pese a nuestras continuas muestras de buena voluntad. La existencia de este tipo de individuos no debe hacernos dudar respecto a la conveniencia de la estrategia aquí planteada. Ello en virtud de que no podemos conocer de antemano la forma de ser de las personas y si será mejor salir decepcionados que perder la oportunidad de encontrar gente cuya intervención puede ser crucial en el transcurso de nuestra vida. Vale la pena correr el riesgo, ¿no le parece?

El respeto a uno mismo y el éxito

En principio, todos los seres humanos, por el sólo hecho de serlo, merecen respeto. Cualquier persona, independientemente de su raza, color, credo o clase social, es digna de consideración y posee los mismos derechos que los demás. Éste no es sólo un presupuesto ético elemental, sino también uno de los principios básicos que figuran en las leyes de todos los países civilizados.

Ahora bien, más allá de este respeto fundamental —el cual no puede serle negado a nadie—, existe otra idea de respeto, la cual varía de acuerdo con factores tales como la conducta, la actitud y los logros de cada quien. Desde esta perspectiva, hay personas más respetadas que otras, esto es: individuos a los cuales la sociedad dispensa una mayor consideración.

Es obvio que nadie estará dispuesto a contribuir a nuestro éxito personal si no nos considera dignos de respeto, es decir, si no piensa que nosotros valemos lo suficiente. Este valor es, como ya explicamos, algo que depende de nosotros, de nuestra manera de actuar y de relacionarnos con los demás. Es también algo que puede incrementarse mediante la iniciativa personal. La cuestión básica en relación con este tema puede sintetizarse mediante la siguiente fórmula: *Nadie nos respetará si no nos respetamos a nosotros mismos.* Es la idea que tenemos de nuestra propia persona lo que, en principio, determina nuestro valor como seres humanos. Si no nos creemos dignos de respeto, sencillamente no lo merecemos y, por lo mismo, estaremos dispuestos a someternos a cualquier tratamiento degradante por parte de los demás.

Nadie alcanza el éxito si cree que no lo merece. Del mismo modo, nadie será apoyado para alcanzar la cima si no proyecta una imagen de respeto personal. Pensemos, por ejemplo, en alguien que acaba de ser ascendida a un puesto de mando. Además de sus méritos personales y profesionales, este sujeto necesita el apoyo de sus colegas y subordinados para realizar su trabajo de manera satisfactoria. Son sobre todo estos últimos los que determinarán su valor como líder. Sin embargo, será imposible para él desarrollar un liderazgo efectivo si su autoestima no es suficientemente fuerte.

Ganarse el respeto de los demás es una tarea que comienza con uno mismo. Se demuestra actuando con decisión y de acuerdo con la estima que creemos merecer. Quien se respeta a sí mismo no es conformista ni va por la vida viajando en segunda clase. Es alguien que no acepta nada que no sea lo mejor. Cuando esta actitud se manifiesta de manera abierta y sin complejos, inspira en los demás una confianza que permite un contacto más cercano entre los triunfadores; es decir, aquellas personas que eventualmente, contribuirán a nuestro éxito personal.

Cómo agradar a los demás

Dejar una buena impresión en los otros es algo mucho más importante de lo que la gente supone. De hecho, representa una de las mejores maneras de iniciar relaciones provechosas, además de ser el pasaporte ideal para transitar exitosamente por la vida. Usted puede ser un profesional muy capaz, poseer audacia y mucha iniciativa. Sin embargo, si su carácter es irascible y poco tolerante, no llegará lejos. Tampoco avanzará mucho si actúa de manera huraña o si proyecta una personalidad gris. No se trata de ser un simpático profesional ni de caerle bien a todos. Esto último produce individuos tan insoportables como aquellos que ni siquiera se esfuerzan en saludar a los demás.

Lo importante es aprender a agradar a la gente que nos rodea sin recurrir a actitudes afectadas ni a expresiones falsamente joviales. Ello no siempre es fácil, sobre todo para aquellas personas que nunca se han preocupado por cultivar este aspecto de su personalidad. En tales casos, el esfuerzo puede resultar arduo. No obstante, los resultados son impresionantes. Yo he conocido sujetos hoscos y poco comunicativos que, tras reconocer el problema e intentar resolverlo mediante cursos de personalidad, han descubierto un nuevo horizonte de posibilidades. Infinidad de puertas se les han abierto como por arte de magia.

> *La demás gente desempeña un papel fundamental en nuestro éxito personal. Por ello es muy importante desarrollar al máximo nuestras relacionas humanas. Y la mejor manera de fomentar tales relaciones es tomar la iniciativa y esforzarse por agradar a los otros y causarles una buena impresión.*

Existen diversas técnicas destinadas a agradar a los demás. Todas ellas funcionan siempre y cuando estemos dispuestos a convertirlas en un hábito. Tal vez al principio nos sintamos un poco extraños al utilizarlas; no obstante, conforme nos acostumbremos, se convertirán en parte de nuestra personalidad. Se trata, de nueva cuenta, del truco de la autosugestión. En este caso, una serie de conductas conscientes se convierten, con el tiempo, en un hábito y éste, a su vez, modifica nuestro programa mental.

A continuación enumero algunas técnicas probadas para agradar a los demás. Es importante aclarar que no son las únicas. Su propia experiencia le ayudará a desarrollar otras por cuenta propia. Es recomendable, además, sacar provecho de nuestros dones particulares. Si usted, por ejemplo, es un gran conversador o posee una personalidad agradable, no desaproveche estos dones; utilícelos en su beneficio.

1. Muestre interés por las ideas, aficiones y proyectos de los demás

Nada resulta más halagador para una persona que encontrarse con individuos que están interesados en lo que a ella le importa. Esta actitud rompe cualquier barrera y permite un acercamiento casi inmediato. Confieso que no sé prácticamente nada de deportes. Sin embargo, cuando me relaciono con alguna persona aficionada a ellos, no pierdo la oportunidad de hacerle algún comentario al respecto o plantearle alguna duda. Esto le permite a mi interlocutor sentirse confiado y cómodo, lo cual a su vez redundará en una actitud más abierta y receptiva. En la medida de lo posible, trate de que este interés en los gustos, aficiones o profesión del otro sea sincero. De otra forma, las personas se darán cuenta de que su supuesto interés tiene una doble intención.

2. Aprenda a escuchar

Nada complica más el contacto con una persona que el deseo de acaparar la conversación, sobre todo cuando sólo hablamos de nosotros mismos. Si quiere usted agradar a los demás, déjelos expresarse. Ser un buen escucha no solamente sirve para que el otro se sienta dueño de la situación sino, además, para conocer a la persona con la cual estamos hablando. Ambas cosas redundarán en nuestro beneficio.

3. Recuerde el nombre de las personas

Todos los días conocemos gente. En reuniones de negocios, cenas, fiestas y lugres públicos somos presentados con toda clase de individuos. ¿De cuántas de esas personas recuerda usted el nombre? Le aseguro que la mayoría de las veces lo olvidó pocos minutos después de haber estrechado su mano. Esto es uno de los errores más costosos que pueda imaginarse. Es importante tener presente que todas las personas reaccionan favorablemente cuando alguien recuerda cómo se llaman. Lo mismo sucede cuando durante la conversación mencionamos varias veces su nombre. Ello en razón de que, como dijo Dale Carnegie: "Para toda persona, su nombre es el sonido más dulce e importante en cualquier idioma".

4. Estimule a los demás y felicítelos por sus éxitos

Alentar a nuestros amigos, colegas, familiares y subordinados; felicitarlos cuando han realizado un buen trabajo y estar dispuesto a reconocer sus logros, son formas de granjearnos su aprecio. Hacer esto no es difícil (bastan unas cuantas palabras) y produce excelentes resultados. Ello debido a que alimenta el ego de los otros, los hace sentir importantes. Y esto es algo que todo el mundo desea a nivel inconsciente y que, por esta razón, genera actitudes favorables hacia quien las promueve. Un jefe dispuesto a actuar de acuerdo con este principio obtendrá gran aprecio por parte de sus subordinados. Y lo mismo podríamos decir de un padre de familia, del entrenador de un equipo deportivo o del supervisor de una empresa.

5. Cultive el egoísmo inteligente

El egoísmo es algo muy humano. Todos somos propensos a él, por la sencilla razón de que a todos nos interesa nuestro propio beneficio. Incluso las acciones más altruistas y onerosas ocultan dentro de sí algún componente relacionado con el amor propio. Don Quijote, por ejemplo, es el personaje más generoso de la literatura universal; siempre está tratando de ayudar a los demás, sobre todo si son perseguidos, están prisioneros o padecen pobreza. Sin embargo, sus acciones le producen una satisfacción muy particular: la de sentirse un caballero andante. Ello, sin duda, alimenta su ego. La cuestión aquí consiste en reconocer que existen dos tipos de egoísmo: el de los tontos y el de los inteligentes. El primero se expresa mediante la envidia. Es la postura de los que quieren todo e inmediatamente. En cambio, el egoísmo inteligente es aquel que busca mayores beneficios a largo plazo. De esta forma, si usted quiere obtener lo mejor, comience por ser generoso, comprensivo y magnánimo con los demás. Ninguna de estas actitudes es desinteresada, pero está muy lejos respecto del egoísmo mezquino que tanto puede perjudicar su imagen.

6. Sonría

No subestime el valor de una sonrisa. Es el medio más fácil para ablandar el corazón de la gente. Sonreír no cuesta nada y puede obrar maravillas. El psicólogo James V. McConnell, citado por Dale Carnegie, expresó:

La gente que sonríe tiende a trabajar, enseñar y vender con más eficacia, y a criar hijos más felices. En una sonrisa hay mucha más información que en un gesto adusto. Es por eso que en la enseñanza es mucho más eficaz el estímulo que el castigo.

Cada una de estas técnicas exige un esfuerzo particular, un trabajo de apropiación destinado a integrarlas a nuestra personalidad. Al principio pueden resultar poco naturales, pero el día en que las utilicemos de manera inconsciente, habremos dado un paso gigantesco hacia la conquista del éxito. Lo importante, en todo caso, es ponerlas en práctica, desarrollarlas cuanto antes en todos los ámbitos de nuestra vida. No esperamos hasta mañana ni pretendamos dominar completamente una sola antes de pasar a las demás. Es necesario cultivarlas todas al mismo tiempo y con el mismo interés y energía. Los resultados no tardarán en aparecer.

VI

El liderazgo de los ganadores

Prácticamente todas las personas que han decidido emprender el camino del éxito deben asumir, tarde o temprano, una posición de liderazgo. Esta afirmación resulta evidente en el caso de aquellos empleados que logran ascender a un puesto de mando o en el de los individuos interesados en hacer carrera política y que, por esta razón, requieren el apoyo de otras personas. Sin embargo, es menos claro cuando se trata de quienes cuya profesión tiene poco que ver con el trabajo en equipo o que no les exige dirigir grupos. Lo cierto, sin embargo, es que incluso en estos casos el liderazgo resulta un factor de gran importancia.

Lo anterior debido a que el liderazgo no es sólo una cuestión de mando. En su acepción más amplia, es la acción de influir sobre los demás y de dirigir, orientar y motivar a nuestros semejantes mediante diversas conductas y habilidades. De acuerdo con David Cásares Arrangoiz: "Todo líder es una guía y un conductor de personas y grupos humanos que tiene la habilidad de señalar rumbos y creer en ellos con tal seguridad y convencimiento, que los seguidores abrazan y hacen propios esos ideales y metas".

Desde esta perspectiva, el verdadero líder no es simplemente un jefe o una gerente, sino alguien que, por encima de esas caracterizaciones formales, posee determinadas habilidades y rasgos de carácter. Por ello, P. Kotter afirma que: "El liderazgo es el proceso de mover a un grupo o grupos hacia alguna dirección, a través de medios no coercitivos".

Si esto es así, resulta que todos aquellos que aspiran al éxito, sin importar el ámbito en el que se desenvuelven, deben asumir labores de liderazgo. Vamos a poner el caso de un médico. Es probable que al principio de su carrera no requiera ninguna de las habilidades que caracterizan a los líderes, pues su labor se limita a curar a las personas. No obstante, si este galeno es una persona emprendedora y ambiciosa, la propia dinámica profesional le irá exigiendo una mayor iniciativa y, en consecuencia, el desempeño de actividades propias de un líder.

VI. El liderazgo de los ganadores

Este último es precisamente el caso de un antiguo compañero de estudios, quien hace unos años se graduó como gastroenterólogo en una prestigiosa universidad. Desde el inicio de su carrera aspiraba a grandes metas. Tener un consultorio estaba bien para él, pero sus sueños iban más lejos. Hoy en día tiene su propio hospital. No es un lugar muy grande; sin embargo, es lo suficientemente próspero como para proporcionarle ingresos anuales muy superiores a los de cualquier médico de su especialidad. Pues bien, en la actualidad este sujeto no es sólo un gran médico y un excelente administrador de su empresa, sino también un auténtico líder. La fuerza de sus aspiraciones lo ha llevado a convertirse en una figura inspiradora, un hombre de cambio y un maestro que nunca deja de aprender. Es alguien que logra hacer que sus subordinados aprovechen sus mejores capacidades. Esto lo hace porque sabe que —como explicamos en el capítulo anterior— su éxito personal depende del éxito de los demás y, en este caso concreto, de sus empleados.

Así pues, no crea ni por un momento que el liderazgo es una cuestión ajena a usted. No importa cuál sea su actividad profesional ni su forma de vida; si está determinado a alcanzar el éxito, si quiere convertirse en un ganador, este tema es de fundamental importancia para su futuro. Después de todo, el líder es, en su entraña más profunda, un agente transformador, y ésta es precisamente la característica que define a los ganadores.

¿Qué es el liderazgo?

En los párrafos anteriores hemos dado ya algunas pistas respecto al sentido y significación de la palabra liderazgo. Hemos dicho que el líder es alguien que posee la capacidad de dirigir, orientar y motivar a los demás. Es también quien señala rumbos y consigue que otras personas lo sigan sin necesidad de recurrir a medios coercitivos. Asimismo, hemos dicho que es una figura inspiradora y una gente capaz de generar cambios.

Para entender mejor el sentido de todas estas afirmaciones encuentro conveniente dividir la significación del liderazgo en cuatro características, las cuales no sólo engloban los aspectos arriba descritos, sino que, además, incluyen otros aún no discutidos. Pero, antes de entrar en materia, resulta imprescindible establecer una premisa básica: el liderazgo, tal como se entenderá en este capítulo, no es una capacidad mágica, algo que solamente poseen algunas personas privilegiadas. Es cierto que existen líderes naturales, esto es: personas a quienes los demás siguen de manera espontánea en virtud de ciertas habilidades y rasgos de carácter. Sin embargo, debe quedar claro que el potencial para ser líder está latente en casi todos los individuos. Más personas de las que suponemos poseen la capacidad para liderar; no obstante, sólo algunos consiguen desarrollarla.

Esta aclaración es importante, pues si el liderazgo no fuera una característica al alcance de todos, no habría razón para ocuparnos del tema aquí. Los líderes naturales ejercerían el mando automáticamente, mientras el resto de nosotros se subordinaría a ellos. Sin embargo, al ser el liderazgo una característica susceptible de ser aprendida y desarrollada por todos los seres humanos, está al alcance de cualquiera.

Una vez establecido lo anterior, ya podemos hablar de las que, a mi juicio, son las cuatro características básicas que habrá de cultivar todo individuo interesado en desarrollar un liderazgo efectivo. Dichas características incluyen, como acabo de decir, varios de los rasgos de carácter que, por lo general, se suelen asociar con esta capacidad.

1. Visión inspiradora

Los verdaderos líderes de la historia han sido individuos visionarios. Es decir, personas con la capacidad para ver más allá del momento presente.

Tener una visión es, en este sentido particular, la facultad de crear una imagen mental de nuestro futuro y el de nuestro equipo de trabajo. No se trata, por supuesto, de que el líder sea capaz de elaborar predicciones sobre los hechos por venir; no es un profeta ni un adivino. Sus visiones no provienen de una habilidad sobrenatural. El líder no posee una bola de cristal que le permita ver cómo será su vida o la de los miembros de su grupo dentro de dos, cinco o diez años.

Ser visionario significa, más bien, tener la capacidad para concebir la realidad desde una perspectiva amplia. Una perspectiva que no se circunscriba sólo al ámbito de lo inmediato y lo cotidiano. Quien posee esta aptitud observa no solamente lo que está pasando, sino también lo que *puede* pasar. Es alguien capaz de analizar todos los escenarios posibles y todas las opciones que se abren ante él. Todo ello con la única finalidad de elaborar un plan de acción, establecer metas a mediano y largo plazo y crear la conciencia de finalidad.

VI. El liderazgo de los ganadores

> *Un líder visionario es como los campeones de ajedrez, quienes conocen con mucha anticipación el curso que tomará la partida. En su mente se adelantan a los movimientos de su contrincante y, en ocasiones, saben con diez o veinte jugadas de anticipación lo que ocurrirá. Del mismo modo un líder exitoso actúa siempre con la mirada puesta en las acciones subsecuentes y, a partir de ese cálculo, organiza su situación presente. Muchos de sus actos están, así, en función de una imagen mental del futuro que desea construir.*

Lo anterior explica por qué las personas que no han desarrollado esta capacidad se sorprenden cuando descubren que las acciones en apariencia inconexas de ciertos líderes, en realidad forman parte de un proyecto cuidadosamente planeado. Y es que, mientras la mayoría de la gente sólo ve la realidad inmediata, el líder visionario lanza su mirada más allá de la inmediatez y, en cierto sentido, se apodera del futuro.

Esto último resulta fundamental, pues coloca al líder "adelante" de los demás y le permite conducir a sus seguidores hacia una meta que él ya ha visualizado. Resulta entonces que el líder con visión, literalmente, conoce el futuro porque lo ha construido en su cerebro y sabe qué debe hacer para alcanzarlo. Y justo porque él lo ha construido no es un futuro pesimista ni negativo, sino inspirador, es decir, capaz de motivarlo a él y a los demás. La visión adquiere, de esta forma, el carácter de algo deseable y emocionante, de una aventura que mueve y transforma.

Ésta y no otra es la enseñanza más importante que nos dejaron muchos grandes líderes políticos y sociales. Pensemos, por ejemplo, en los fundadores del Estado de Israel, quienes fueron capaces de ver un país próspero donde sólo existía un desierto. Si estos hombres y mujeres no hubieran creado dentro de su cabeza una imagen inspiradora, no habrían logrado edificar una nación. Fue necesario para ellos contar con una visión inspiradora suficientemente fuerte como para hacerlos perseverar en el esfuerzo y convencer a su pueblo de que valía la pena.

Es evidente que mientras más sólida, realista y concreta sea esta visión, mayores probabilidades tendrá de hacerse realidad. Dicha solidez es la que marca la diferencia entre una fantasía y una visión. La primera constituye algo meramente deseable y hermoso, pero cuyo carácter ilusorio no impulsa a las personas a la acción. En cambio, la segunda es —como ya dije— una imagen mental, un objetivo que hemos elaborado a partir de nuestros deseos y sueños, pero que va más allá de ellos. No es una mera ilusión, sino una posibilidad real que se irá volviendo más objetiva conforme pensamos en ella.

2. Comunicación trascendente

Poseer una visión capaz de estimular a los seguidores y reforzar la imagen del líder es muy importante. Sin embargo, esto no servirá de nada si no se puede comunicar. Pensemos, por ejemplo, en el presidente de una compañía en plena expansión que ha construido dentro de su cabeza una imagen de prosperidad y éxito para él y sus subordinados. Supongamos que esta imagen no sólo es inspiradora, sino también perfectamente viable. Todo esto está muy bien; sin embargo, es necesario que el líder visionario logre comunicarla a su gente. Y cuando digo comunicar no me refiero tan sólo a transmitir ideas y conceptos, sino a lograr que los demás *comprendan* y se *persuadan* de la importancia y conveniencia de la visión.

Yo puedo hablarle a los demás de mis planes y objetivos, de todo aquello que quiero lograr. También puedo, con base en esa información, invitar a la gente a trabajar conmigo. Sin embargo, ello no significa que las personas aceptarán seguirme. Para que esto último suceda es necesario, en primer término, conseguir que los otros se interesen y se involucren. Dicho en otras palabras: es necesario que los demás *compartan* mi visión y se sientan parte de ella.

¿Cómo se logra esto último? Ante todo es necesario estar convencido de nuestros objetivos. Ello resulta obvio, pues si yo mismo no estoy seguro del valor de mis metas, difícilmente podré persuadir a los demás para que me sigan. En segundo lugar, resulta indispensable desarrollar las habilidades necesarias para comunicar mi visión. Ello significa que los demás comprenden a un nivel no sólo intelectual, sino también emocional la imagen que me he forjado del futuro.

Ricardo Semler es un empresario brasileño que a los 21 años asumió la presidencia de Semco, firma de equipos industriales que su padre había fundado años atrás. Semler pensaba que podría transformar la empresa radicalmente hasta convertirla en una compañía modelo. Sus ideas en materia de administración eran tan atrevidas y riesgosas, que nadie lo habría seguido si él no hubiera sido capaz de comunicarles su visión a los demás. Su entusiasmo y capacidad de convencimiento, además de la seguridad personal que logró proyectar ante los demás, le permitieron edificar, en unos cuantos años, una de las compañías más innovadoras y rentables de los años noventa. Semler es, sin duda, un administrador con ideas revolucionarias, lo cual es importante en el mundo de los negocios. Sin embargo, también ha sabido comunicar estas ideas de tal forma que las vuelve irresistibles. Allí está, en buena medida, el secreto de sus triunfos.

3. Capacidad negociadora

Saber negociar es una de las habilidades que los grandes líderes poseen en grado sumo. Sin embargo, la mayoría de las personas no valoran adecuadamente la importancia de esta práctica, la cual resulta fundamental para alcanzar logros sobresalientes. Sólo las personas de mentalidad estrecha o con problemas de carácter suponen que llegarán lejos actuando de manera autoritaria. Sin duda, es posible obtener algunos triunfos imponiendo nuestras ideas a los demás. No obstante, los verdaderos líderes saben que la única manera de alcanzar éxitos significativos y a largo plazo es mediante la negociación.

No nos engañemos, al final de cuentas, tanto los dirigentes autoritarios como los negociadores quieren salirse con la suya; ambos desean imponer sus ideas y obtener beneficios personales. Sin embargo, mientras los primeros recurren a la imposición y ordenan cómo y cuándo se deben hacer las cosas, los segundos emplean el diálogo, el convencimiento, la persuasión y la ley del beneficio mutuo. Estos últimos son los verdaderos líderes, los que conseguirán triunfos considerables y satisfactorios. Los demás son simples jefes.

> *La negociación es la mejor estrategia para alcanzar nuestros objetivos. Ello en virtud de que, a diferencia del burdo autoritarismo, el que negocia pretende construir acuerdos; es decir, busca establecer una relación en la cual los intereses de las dos partes se vean satisfechos. Quien negocia no quiere avasallar al otro, porque sabe que no le conviene. Es mejor obtener algo que deseamos y permitir que el otro también obtenga algo, aún si esto significa ceder en algunas cosas. A largo plazo, ello nos permitirá crear un liderazgo sólido y fructífero.*

En cuestiones de negociación y regateo todos nos creemos maestros consumados. Todos creemos poseer una habilidad innata que nos permite conseguir lo que deseamos con sólo plantear nuestras condiciones. La mayoría de las veces, sin embargo, esta idea es totalmente falsa. A lo largo de mi vida he conocido a infinidad de ejecutivos que se jactan de su habilidad negociadora porque han logrado "imponer sus

VI. El liderazgo de los ganadores

condiciones" a sus proveedores, o porque le han mostrado a sus subordinados "cómo se hacen las cosas". En realidad, estos supuestos triunfos constituyen errores que terminan costando muy caros. Recuerdo, en este sentido, a uno de mis empleados, quien se desempeñó durante algún tiempo como gerente de distribución. Un día, este individuo llegó a mi oficina muy orgulloso porque había logrado que una empresa proveedora que tenía años trabajando con nosotros nos hiciera un descuento de 2 por ciento.

—¿Por qué hizo usted eso? —le pregunté enojado.

—Bueno, porque pensé que ya era hora de que entendieran con quiénes estaban tratando —me dijo con aire de autosuficiencia—. Ellos han obtenido durante mucho tiempo ganancias considerables gracias a nosotros. Lo menos que podían hacer ahora era darnos un precio especial.

—En realidad —le recordé—, nosotros también hemos ganado bastante dinero gracias a ellos. De hecho, existe un acuerdo mediante el cual ellos ya nos hacen un importante descuento a cambio de la exclusividad. Ese 2 por ciento no significa gran cosa, sobre todo si tomamos en cuenta que ello puede enfriar las relaciones entre ambas empresas.

—Francamente, no lo entiendo. ¿Acaso no le interesa a usted ganar dinero? —me preguntó con sarcasmo.

—Precisamente porque me interesa ganar dinero intento mantener en buenos términos mis relaciones comerciales —respondí.

Pese a mis esfuerzos por arreglar el malentendido, el director de la compañía proveedora exigió una revisión de nuestro contrato. Se sentía herido por lo que él consideraba una deslealtad de nuestra parte. Finalmente nos vimos obligados a romper el acuerdo y buscamos un nuevo proveedor. Ello exigió, como es natural, nuevas negociaciones, con la consecuente pérdida de tiempo y dinero. Al final, ese 2 por ciento que habíamos "ahorrado" gracias a aquel empeñoso gerente terminó costándonos muy caro. Y todo por confundir la negociación con el mezquino y elemental regateo.

No cometa el mismo error. Piense que la mejor forma de obtener beneficios durante el proceso de negociación no consiste en ganar más que la otra parte, sino en encontrar la manera de que ambas partes vean favorecidos sus intereses. En ocasiones, esto resulta difícil, el resultado no siempre es satisfactorio. No obstante, practicar dicha fórmula siempre será mejor que el autoritarismo caprichoso, el egocentrismo ingenuo y el orgullo mal entendido.

4. Autodominio

Hablar del autodominio en el ámbito del liderazgo nos obliga a remitirnos a varias características que, en conjunto, definen el perfil de un auténtico dirigente. Dichas características son: responsabilidad, congruencia y capacidad de autocrítica.

Responsabilidad significa, en primer término, asumirnos como la fuente u origen de nuestros actos. Es decir, reconocer que somos los causantes de nuestros triunfos y tropiezos y que reconocer esto, lejos de constituir un signo de debilidad, representa una de nuestras principales fortalezas. El líder responsable no culpa a sus subordinados de sus errores ni pretende quedarse con todo el crédito cuando su equipo triunfa. Es alguien que asume sus compromisos con la certidumbre de que sólo él tendrá que responder por sus actos y por las consecuencias de éstos, ya sea que acierte o que se equivoque.

Todo esto suena muy simple. No obstante, la sociedad actual tiende a crear individuos que buscan, por todos los medios a su alcance, desconocer su responsabilidad. No son ellos los culpables de sus errores, sino la sociedad, sus colegas, las circunstancias, el destino, sus padres, etcétera. La variedad de justificaciones es infinita. En el caso del líder, este desconocimiento resulta fatal, pues tarde o temprano deteriorará la relación con su equipo de trabajo.

El problema de la responsabilidad se encuentra íntimamente ligado con el de la congruencia. Ser congruente significa, en este caso específico, mantener una concordancia entre nuestras palabras y actos; entre nuestros logros y expectativas, entre nuestros ideales y la realidad. Ésta es una regla de conducta válida para todos los individuos, pero en el caso del líder adquiere una importancia fundamental. Esto es así porque el dirigente es siempre el foco de atención, el centro alrededor del cual giran todos los acontecimientos. Sus acciones están siempre bajo la lupa de sus subordinados, quienes no pueden dejar de establecer comparaciones ni de evaluar a su líder.

La falta de congruencia es, en este sentido, uno de los pecados más costosos para cualquier dirigente, sea éste un empresario, un militar, un líder político o religioso. Y es que no existe decepción más grande para un seguidor que comprobar las incongruencias de su superior. Pensemos, por ejemplo, en alguien que predica la justicia y en su propia casa asume actitudes tiránicas, o bien en un sacerdote cuyos encendidos sermones a favor de la misericordia se contradicen con su conducta particular.

Finalmente, la capacidad de autocrítica se relaciona con el autodominio a través del conocimiento de uno mismo. Toda persona que aspire a un puesto de liderazgo debe desarrollar la suficiente sensibilidad para valorar su desempeño de acuerdo con las más exigentes normas profesionales y éticas. La autocrítica es la que impide que los dirigentes pierdan la perspectiva de la realidad, la cual puede expresarse mediante una disminución del propio valor o, por el contrario, como un exceso de vanidad. En uno y otro caso las consecuencias son lamentables.

Un líder que no se valora lo suficiente no logrará el consenso y el "arrastre" necesarios. Tampoco será respetado por los subordinados. En el otro extremo, el dirigente engreído cuyos triunfos lo han llevado a creerse un ser infalible, se irá ganando poco a poco la antipatía de los miembros de su grupo. ¿Qué hacer ante un dilema así?

No hay nada más difícil que ejercer una crítica honesta y profunda de nuestra propia persona. La mayoría de las veces caemos en alguno de los extremos arriba descritos y ello nos lleva a crear una imagen poco fiel de nuestro desempeño como líderes. Hay, sin embargo, algunos pasos básicos que pueden ayudarnos a profundizar en el conocimiento de nosotros mismos como individuos.

Uno de estos pasos consiste en estar abiertos a las críticas ajenas y evaluarlas. Muchas veces recibiremos críticas poco constructivas en las que se advertirá una doble intención; sin embargo, existen comentarios desinteresados que nos pueden ayudar a corregir nuestra conducta. Otro paso consiste en desarrollar el hábito de la reflexión. ¿Cuántos minutos al día dedicamos a pensar sobre nuestra vida, nuestros logros, propósitos y metas? El hombre y la mujer de hoy viven inmersos en una vorágine de estímulos externos que nos distraen, quitándonos el tiempo necesario para indagar sobre nuestro ser. Es necesario crear un espacio de tiempo para pensar en nosotros mismos.

Finalmente está la estrategia de evaluar nuestros logros "concretos", es decir, aquello que hemos hecho (construido, fundado, plantado, escrito, organizado, etcétera) a lo largo de nuestra vida. Ello puede ayudarnos a comenzar una efectiva autorreflexión.

Quiero terminar este capítulo con una recomendación. Este libro se llama *¡Ganadores!* Pues bien, en materia de liderazgo, una de las mejores maneras de pensar y actuar como un líder ganador es conociendo la vida de los grandes líderes de todos los tiempos. Lea biografías y adéntrese en la forma de pensar de estos hombres, ya sea que se trate de personajes de la antigüedad, como Alejandro el Grande, Mahoma o Carlomagno, o de personalidades actuales de los negocios, la política, la ciencia o el deporte. En muchas de estas obras encontrará no solamente el lado luminoso de los grandes líderes, sino también sus debilidades. Esto último es importante, pues así comprenderá que también ellos eran seres humanos con debilidades, temores y dudas.

VII

Emprender la marcha

Este último capítulo trata sobre la acción, es decir, sobre la actividad, el esfuerzo, la lucha y la iniciativa que se requieren para avanzar hacia el éxito. Es un capítulo pequeño pero fundamental para dar sentido a todo lo que he dicho hasta aquí.

Es obvio que si deseamos alcanzar una meta, cualquiera que ésta sea, es necesario ir hacia ella, avanzar en su dirección y hacer todo lo que sea necesario para conquistarla. No obstante, aunque parece una cuestión evidente, lo cierto es que es aquí donde naufragan muchos proyectos. Y es que el espacio que existe entre las *buenas intenciones* y las *buenas acciones* suele ser, en el caso de ciertas personas, muy grande. De hecho, hay quienes casi nunca dan este paso y acaban sus días con una gran cantidad de deseos incumplidos y planes sin realizar. Cuando uno conversa con esa gente se sorprende de la cantidad de buenas ideas y de iniciativas prometedoras que se quedaron en su imaginación. Esto es algo muy triste pero, por desgracia, frecuente.

Dice el dicho que soñar no cuesta nada. Tal vez sea ésta la razón por la cual mucha gente pasa tanto tiempo soñando. ¿Y por qué no? Después de todo es gratis. En cambio, actuar tiene su precio, el cual pagamos con esfuerzo, riesgos e incertidumbre. En ocasiones también nos cuesta dinero y, en algunos casos, produce tensión. Además, siempre existe la posibilidad de fracasar. Entonces, ¿para qué molestarnos? Limitémonos a vivir como espectadores y actuemos sólo cuando estemos seguros de que no hay ningún riesgo. Tal vez nunca seremos ganadores pero, por lo menos, viviremos más tranquilos.

Este razonamiento es muy común. De hecho, así piensa la mayoría de las personas (ya sea que lo reconozcan o no).

Ahora bien, una de las características que distingue a los ganadores es —además de las ya enumeradas— su capacidad para *tomar la iniciativa y actuar*. Dicha posición se opone a la de quienes esperan a que otros decidan por ellos y a la de aquellos que sólo confían en la suerte.

Una persona realmente exitosa no puede ni debe dejar de soñar y de planear. No obstante, a diferencia del resto de

VII. Emprender la marcha

la humanidad, no se conforma con esto, pues sabe que la obra sin realizar no existe. Uno de mis amigos —cuyo nombre omito por razones obvias— posee una gran inventiva. Es uno de esos individuos inquietos y originales que siempre están inventando cosas nuevas. Su fuerte son los aparatos de uso doméstico. Mientras lo traté, diseñó cerca de 23 aparatos diferentes (algunos no eran totalmente originales, sino versiones mejoradas de cosas que ya existían). Entre estos aparatos estaba el proyecto de un ingenioso aditamento para sacar el aire de las bolsas de polietileno y que servía para conservar las frutas y verduras al vacío. Lo más interesante es que este artilugio no utilizaba electricidad, sino la fuerza del agua al salir del grifo. Según los planos, uno abre la llave y la propia fuerza del líquido al salir hace funcionar una pequeña máquina de vacío que se conecta a una manguera. En muchas ocasiones él y yo hablamos de las posibilidades comerciales de este aparato. Todo era cuestión de fabricar un prototipo y buscar una compañía interesada en producirlo.

Mi amigo no es ningún flojo y, a juzgar por sus inventos, tampoco es ningún tonto. Su problema es la falta de resolución. Cuando hablábamos de sus inventos, de inmediato dudaba del valor de sus ideas. Decía que no contaba con el capital suficiente para realizar el prototipo o bien corregía, una y otra vez, el diseño original de sus creaciones para arreglar supuestos errores o mejorar el rendimiento. La triste realidad es que ninguna de sus ideas ha pasado del papel. Hoy en día, aparatos muy similares a los que él imaginó hace más de tres lustros se venden con mucho éxito. Es una verdadera lástima que no haya aprovechado la oportunidad cuando se le presentó. Y sucedió lo que tenía que ocurrir: individuos igualmente ingeniosos, pero con más visión e iniciativa, no dudaron a la hora de actuar y obtuvieron los beneficios que él hubiera podido recibir.

¿Por qué es tan difícil para ciertas personas pasar de las palabras a los hechos? La respuesta es simple: porque emprender la realización de un proyecto entraña riesgos e implica compromisos. En efecto, todos podemos equivocarnos y cualquier tarea grande o pequeña exige que nos hagamos responsables de ella. Estos dos aspectos constituyen, aunque parezca difícil de creer, obstáculos insalvables para muchos sujetos. Sencillamente no pueden con ellos, los rebasan. El problema es que si no los vencemos nunca llegaremos muy lejos, pues todas las metas que valen la pena en esta vida conllevan grandes dosis de riesgo y compromiso.

VII. Emprender la marcha

> *A nadie le interesa lo que usted podría lograr "si se lo propusiera algún día". Nadie le va a pagar ni un solo centavo por las ideas que guarda en su cabeza. En este mundo, nos guste o no, lo que vale son los resultados, las obras terminadas y no los proyectos. No importa a qué se dedique usted, ni cuáles sean sus objetivos, sueños y metas. Lo que vale es que haga las cosas, que ponga manos a la obra y obtenga resultados.*

No siempre estos resultados estarán a la altura de lo esperado y, con frecuencia, la realización de un proyecto nos enfrentará con dificultades que no habíamos considerado durante la fase de planeación. En cualquier caso, la acción será siempre más recomendable que la duda, aun en aquellos casos en los cuales nuestras acciones nos conducen al error. Dicho en otras palabras: es mejor actuar y tropezarnos, que no actuar nunca por temor a dar un traspié.

En ocasiones, las personas no dan el paso decisivo porque sienten que todavía no ha llegado el momento. Prefieren esperar a que existan las condiciones más propicias, o bien, difieren la realización de un plan porque, en su opinión, éste no se encuentra suficientemente maduro. Esto está muy bien.

Todos deberíamos ser capaces de reconocer el momento oportuno para actuar. Es importante no precipitarnos ni emprender trabajos que todavía no están bien considerados. La intuición y la prudencia son, en este sentido, dos importantes aliados de los ganadores. No obstante, la mayoría de las veces la espera y las precauciones excesivas constituyen meros pretextos, son coartadas que nos inventamos porque no tenemos el valor para tomar la decisión de actuar.

Recuerde: ningún proyecto importante es 100 por ciento seguro; nunca tendremos el control de todos los factores en juego y jamás, óigalo bien, jamás alcanzaremos la perfección. Esto significa que, a veces, debemos poner manos a la obra aun cuando no tengamos toda la información y todos los elementos necesarios para garantizar el éxito. De hecho, el verdadero triunfo se consigue, por lo general, después de varios intentos, sobre todo cuando se trata de algún empeño valioso y de gran alcance. Eche usted un vistazo a la vida de los grandes hombres y las grandes mujeres del pasado y del presente (científicos, empresarios, deportistas, líderes, políticos, etcétera). Muy pocos consiguieron triunfar al primer intento. Algunos, incluso, batallaron durante años antes de ver resultados.

VII. Emprender la marcha

> *Lo importante es actuar, poner manos a la obra. Demos hoy el primer paso, mañana otro, y luego otro más y así sucesivamente. En el camino podemos corregir los errores, reorientar nuestro recorrido, revisar los métodos empleados, establecer metas intermedias, etcétera.*

Ésta es una de las formas en las que funciona la mente de los ganadores. Y ésta es, también, la mejor estrategia para alcanzar el éxito, sobre todo en el ámbito empresarial, donde la mayoría de las decisiones importantes se toman durante la puesta en práctica de los proyectos. No pretendo decir con esto que la fase de planeación sea poco relevante. Ninguna compañía importante lanza un pronóstico sin un cuidadoso estudio de mercado, sin un análisis previo, sin haber considerado las ventajas y desventajas del proyecto, y sin estudiar aspectos tales como promoción, distribución, ventas, etcétera. Sin embargo, siempre llega el momento en el que es necesario pasar a los hechos. No podemos postergar indefinidamente este paso a riesgo de hacer fracasar todo el proyecto. Esta misma lógica se puede aplicar en distintos ámbitos de nuestra vida. Decisiones tales como comprar un auto, remodelar la casa, aceptar un empleo o iniciar un negocio propio.

Sin embargo, la importancia de la acción va más lejos. Hay motivos todavía más poderosos que la mera obtención de resultados para ocuparnos de ella. Se trata de razones vinculadas con la libertad y la responsabilidad individuales. Los verdaderos ganadores se distinguen, en este sentido, de aquellos que simplemente han logrado alcanzar tal o cual objetivo en la vida porque, a diferencia de estos últimos, han asumido el compromiso de tomar las riendas de su futuro. Decidirse actuar por cuenta propia, en lugar de limitarse a reaccionar sólo cuando las circunstancias nos empujan a ello, implica asumirnos como entes activos y libres, es decir, como agentes de cambio.

Hay personas que han tenido suerte y que, por alguna situación inesperada, se han visto favorecidas de alguna manera. Este triunfo aislado, sin embargo, no es sinónimo de éxito, al menos no es el sentido que aquí le hemos dado a esta palabra. El éxito auténtico —ése que no está sujeto a los reveses de la fortuna y pervive más allá de la adversidad— es el que emana de las propias decisiones y del compromiso que ellas suponen.

Nunca será un ganador si permite que otras personas controlen su vida. Tampoco podrá serlo si con frecuencia evita hacerse responsable de sus actos y evade la toma de

VII. Emprender la marcha

decisiones. Su vida puede cambiar radicalmente si usted quiere, pero para ello es necesario entrar en acción, tomar la iniciativa en lugar de esperar que la solución llegue por sí sola. Recuerde que sólo tenemos una vida y que no podemos desperdiciarla. El tiempo perdido no se recupera.

> *Cada hora que vivimos sin aprovecharla al máximo se pierde irremediablemente. ¿Cuánto de su valioso tiempo perderá usted antes de darse cuenta de que el mundo es suyo? ¿Cuántos días inútiles habrán de pasar antes de percatarse de que las cosas buenas sólo suceden cuando nos esforzamos para conseguirlas?*

El filósofo francés del siglo XVI, Michel de Montaigne, escribió en uno de sus luminosos ensayos: "Encontrar satisfacción en la vida no depende de los años, sino de la voluntad". Dicho en otras palabras, podemos pasarnos toda la vida esperando tranquilamente que las cosas buenas ocurran, o podemos decidir, mediante nuestra voluntad, salir a buscarlas. ¡La decisión es suya!

Bibliografía

Carter-Scott, Chérie, *Si el éxito es un juego, éstas son las reglas,* Taller del Éxito, Florida, EUA, 2009.

Cruz, Camilo, *La vaca: una historia sobre cómo deshacernos del conformismo y las excusas que nos impiden triunfar,* Taller del Éxito, Florida, EUA, 2010.

———, *Los genios no nacen, ¡se hacen!,* Taller del Éxito, Florida, EUA, 2005.

Dawson, Roger, *Los secretos del éxito en los negocios,* Selector, México, 1999.

Klein, Maury, *Los grandes artífices del cambio,* Océano, México, 2011.

Krogerus, Mikael, y Roman Tschäppeler, *El libro de las decisiones. 50 modelos de éxito,* Océano, México, 2011.

Luntz, Frank I., *Ganar: los principios fundamentales para elevar su negocio de lo ordinario a lo extraordinario,* Océano, México, 2012.

Maxwell C., John, *Actitud de vencedor: la clave del éxito personal*, Grupo Nelson, Teeneesse, EUA, 2008.

―――――, *Lo que marca la diferencia: convierta su actitud en su posesión más valiosa,* Grupo Nelson, Tennessee, EUA, 2007.

Mesiti, Pat, *Actitudes y altitudes: los principios, prácticos y perfiles de los líderes del nuevo milenio,* Taller del Éxito, Florida, EUA, 2011.

Poissant, Charles-Albert, y Christian Godefroy, *Mi primer millón,* Atlántida, Buenos Aires, 1994.

Ziglar, Zig, *El ejecutivo de alto rendimiento,* Selector, México, 2001.

―――――, *Frases célebres de Zig Ziglar. El hombre que cambió la forma de ver los negocios,* Selector, México, 2005.

Acerca del autor

William H. Stein es estadounidense. Nació en 1952, en Seattle, pero desde muy joven se trasladó a Nueva York, donde vive y trabaja actualmente.

Durante su juventud se dedicó al comercio. Empezó vendiendo máquinas de coser, tostadoras y otros electrodomésticos a crédito hasta que, gracias a su tenacidad, esfuerzo y visión de negocios, logró fundar su propia empresa.

Hombre inquieto y lleno de energía, ha ayudado a muchos jóvenes a iniciar sus propios negocios en distintas áreas, desde la confección de ropa hasta los restaurantes.

No contento con esto, también es autor de varios libros exitosos destinados a orientar a la gente emprendedora, entre ellos están: *¡Tú puedes!* y *Aprende de los triunfadores*.

Esta edición se imprimió en junio de 2012,
en Grupo Impresor Mexicano, S.A. de C.V.
Av. Ferrocarril de Río Frío núm. 2,
Col. El Rodeo, C.P. 08500, México, D.F.